JN032977

KONEL BREAD

\ 100均の焼き型で、かんたん、かわいい /

しあわせのイラストパン

Ran

KADOKAWA

イラストパンを作ろう 1

毎日の食卓に
小さなサプライズ

おはよう。パンが焼けたよ。

毎朝、繰り返すなにげないひと言に、
イラストパンなら、歓声で返事が返ってきます。

うわーっ、かわいい！
これどうしたの？
食べるのがもったいない。

Ranさんが提案するのは、
切ると、金太郎あめのように絵が出るイラストパン。

くまや花、ハッピーになれる虹までも
パンの中に描くことができます。

大切な人の今日を笑顔にするために作りましょう。

いつもの何倍も幸せに満ちた朝の時間になります。

体にやさしい天然色素で
絵を描きましょう

イラストパンは、パン生地に色をつけて、
いろいろな絵を描きます。

色の素は、お菓子作りに使う市販の着色パウダー。

野菜などを原料とした天然色素です。

写真の花のパンも、もちろんそう。
赤はビーツ、黄色はかぼちゃ、緑はほうれん草を
粉末にしたものを生地に練り込んでいます。

天然色素にこだわるのは、
誰にでも安心して食べてほしいから。

体にやさしいことを大切に。
それもイラストパンの魅力です。

イラストパンを作ろう **3**

100均の型で、
おいしく焼けるんです

本を作るにあたって、いちばんに考えたのは、
誰もが気軽に作って楽しめること。

はじめてパンを焼く人でも作りやすいように、
絵を作る工程数を大幅に少なくしました。
なかには、四角くのばして重ねるだけで
かわいく焼けるイラストパンもあるんです。

焼き型は「100均の型」だけにしました。

100円ショップの調理器具コーナーで探してみて。
ステンレスの丸い型も、ふたつなぐと、
まあるい食パンが焼けます。

ページをめくると、すぐに作りたくなる
イラストパンがつぎつぎと登場します。

CONTENTS

＊パンの名前の前にある白丸数字は
パンの通しナンバーです。

本書の使い方

イラストパンの本編に入る前に、レシピの見方を説明します。
はやる気持ちを押さえて、しっかり確認を！

CHECK ❶

難易度マーク ▲ は1〜3

富士山のマークで難易度を示しました。難
易度が上がるにつれ、工程数が増えてい
きます。パン作りがはじめての人は、富士
山マーク ▲ がひとつのものから始めて
みてください。

CHECK ❷

焼き型は4種類

本書でもっとも多く使うのは、2段重ねの
丸い型（作り方p19）。ほかにパウンドケー
キ型、花の型、ホールケーキ型を使用しま
す。すべてステンレス製。どの型が必要な
のか、ここで確認しましょう。

丸い型（直径約10
×高さ約5cmの型
を重ねて使用）

パウンドケーキ型
（幅約18（16.5）×
奥行き約8（7）×高
さ約6cm）※（ ）
内は底のサイズ

花の型（直径約10
×高さ約5cmの型
を重ねて使用）

ホールケーキ型（4
号・直径約12×高
さ約6cm）

CHECK ❸

材料と着色パウダー

材料は基本的に、使う焼き型1個分です。
型を使用しないものについては、できあが
りの個数を記しています。生地を作った
ら「着色パウダーと生地の分量」を確認！
〈 　 〉内の分量に生地を取り分け、所定
の着色パウダーの分量で色をつけます。

CHECK ❹

分割するときは ⓐ の写真を

パンによっては、一次発酵後、着色生地を
分割することも。分割するものは、各レシ
ピページのプロセス写真 ⓐ で分量と個数
を表示。分割しない場合は、写真内に分量
と個数を記載していません。

この本を読まれる方へ

＊加熱機器は電子オーブンレンジを基準にしています。ガスオーブンを使用する場合は、付属の説明書を参考にしてください。
＊電子オーブンの加熱時間はメーカーや機種により異なるため、様子を見て加減してください。
＊焼きあがりはオーブンや型が熱くなっているため、ミトンを使うなどして、やけどには十分にお気をつけください。

PART 1

はじめまして
イラストパン。
作り方の基本

私が提案する、かわいい絵のパンは
子どもでもできるほど
簡単な方法で作れてしまいます。
強力粉などの必要な材料から、
色のつけ方、絵の作り方、焼き方のコツまで
ここでまずは、基本をマスターしましょう。

イラストパンの作り方は2タイプ

型を使わずに焼けるいくつかのパンを除き、
このふたつの手法でイラストパンが作れます。ふたつとも超がつくほど簡単！

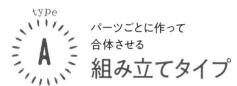

パーツごとに作って
合体させる
組み立てタイプ

イラストパンの基本的な作り方は、絵のパーツをひとつずつ作って合体させる方法。パーツを棒状にのばして組み立てることで、金太郎あめのように切っても、切っても、絵があらわれます。

スケッパーで切って
入れ替えるだけ！
カットタイプ

2色の生地を切ったら、入れ替えるだけ。カットタイプなら、さらに簡単にイラストパンが楽しめます。同じ絵柄でも色の組み合わせしだいで、さまざまなバリエーションが生まれる方法です。

かわいいパンができるまで

まずは、パンができるまでの流れをつかんでおきましょう。
発酵時間や焼成時間を除いて、こねて、絵を作る時間はおおよそ30分！

START！

1. 生地を作る

粉を混ぜて、こねて、丸める。はじめに作るのは白い生地。絵にたとえるなら、真っ白な画用紙です。こねる台の上をきれいにしてから、はじめましょう。

2. 色をつける

着色した生地は、イラストパンの"絵の具"。レシピの色で絵を描きましょう。着色パウダーは粉類の準備とあわせて用意しておくと、作業がスムーズです。

3. 一次発酵

ふつうのパンと同じで、二段階で発酵させます。オーブンに発酵機能がない場合でも作れるように、自然発酵の方法も紹介しています。発酵時間は約40分。

4. 絵を作る

生地を棒にしたり、包んだり。しだいにできあがる絵にわくわく！ 生地が乾燥しないよう、成型前後の生地には、ラップかかたく絞った濡れ布巾をかけておいて。

5. 二次発酵

成型したら、型に入れて、もういちど発酵。成型でかたく締まった生地がふっくらと膨らみ、パンの風味もさらにアップします。発酵時間は20〜30分ほど。

6. 焼く

二次発酵が完了したら、いよいよ焼成。本書のレシピには、蓋をして焼くものと、蓋をせずに、山形食パンのように生地を盛り上がらせるものがあります。

7. 冷まして切る

イラストパン作りのクライマックス。切るたびに、さまざまな表情があらわれます。どれもきっとかわいいはず。好きなデザインから作ってみて。

FINISH！

基本の花　　　　　　　基本の模様

生地作りに必要な基本の材料

着色パウダー以外は、一般的な材料。本書では、これらの材料をベースにし、
パンのタイプによって分量を変えます。

強力粉

パン作りに最適な小麦粉。グルテンの含有量が
多いため、弾力性の高い生地ができます。焼きあ
がりはふっくら。

きび砂糖

さとうきびを原料にした薄茶色の砂
糖。パンに使うと、コクのある、まろや
かな甘みが味わえます。

無塩バター

バターを加えると生地が滑らかにな
り、のばしやすくなります。無塩なら、
パン生地内の塩分を調整できます。

塩

生地に弾力が生まれ、味の引き締め
も。海水を100%原料にしたミネラル
豊富な海塩がおすすめです。

ドライイースト

小麦粉や糖分を栄養にして、生地を膨
らませる酵母。常温保存すると発酵力
が落ちるので、冷凍室で保管を。

水

ドライイーストを溶かすために使いま
す。指で触れて、ぬるいと感じるくら
いのぬるま湯にしてから。

着色パウダー

生地の色づけに使用。本書では、野菜
や藻などの天然素材を原料にしたパ
ウダー9種を使っています。

作る前に、そろえておきたい道具

どれも、お菓子やパン作りでおなじみの道具。
なかには100均で購入できるものもあるので、賢く準備しましょう。

デジタルスケール

イラストパンでは、着色パウダーを0.1g単位で量ります。正確を期すなら、こまかな計量が可能なデジタルスケールがおすすめ。

ボウル

小麦粉などの材料を混ぜるときに作業しやすいのは、大きめのボウル。一次発酵をボウルでするなら、膨らみ具合をチェックできる透明なものがおすすめです。

計量スプーン

小さじ½や⅓のスプーンもセットになっているものが便利。砂糖、塩、ドライイーストを量るときに使っても。

計量カップ

ドライイーストを溶くときの水の計量に。

粉ふりボトル

生地をこねて、べたつくときは、台に打ち粉をふります。粉ふりボトルに強力粉を入れておけば、こねている最中でも、片手でささっとふれて便利。

スケッパー

材料を混ぜるときや、生地を分割するときなど、さまざまな場面で活躍する必需品。適度にしなり、作業しやすいシリコン製のものが100均でも買えます。

麺棒

便利なのは、表面にこまかい凹凸があるタイプ。生地をのばしながら、ガス抜きもできます。木製の麺棒を使うときは、生地によっては、棒に打ち粉を。

型

セルクルと呼ばれる調理用の型を焼き型にします（p19参照）。ほか、パウンドケーキ型や通常のホールケーキ型、抜き型も含め、すべて100均で購入できます。

耐熱皿

焼成時、焼き型にかぶせて蓋にします。生地が型からはみださず、イラストがきれいな形に。グラタン皿など重さがあり、型のサイズに合った耐熱皿で。

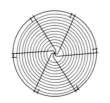

ケーキクーラー

焼いたパンは、冷めるまでケーキクーラーに立てて置きます。金属製のものもありますが、フッ素樹脂加工のもののほうが、パンがくっつきにくく手入れがラク。

パン切り包丁

ハードタイプのパンから食パンまで、万能なのは刃がギザギザした波刃タイプ。刃の長さはいろいろあるので、自分が使いやすいものを選びましょう。

カッティングボード

本書で作るパンは大きくても1斤程度。焼きあがったパンがのるサイズなら、どんな材質でもOK。100均でもおしゃれな木製ボードが入手できます。

さあ、イラストパンを作ってみましょう

p10で紹介した2種のパンには、絵を作るための基本のテクニックが凝縮されています。ここでポイントをしっかりマスター！

共通 [1~3]

1. 生地を作る

◎材料

強力粉 ∞ 160g
きび砂糖 ∞ 15g
無塩バター ∞ 10g
塩 ∞ 2g
ドライイースト ∞ 2g
水 ∞ 90㎖

◎着色パウダーと生地の分量

type A 〖 基本の花 〗

ピンク／紫いも ∞ 2g〈生地30g〉
黄／かぼちゃ ∞ 0.3g〈生地5g〉
緑／ほうれん草 ∞ 0.3g〈生地16g〉
着色しない白生地〈残り〉

type B 〖 基本の模様 〗

ピンク／紫いも ∞ 7g〈生地半量〉
黄／かぼちゃ ∞ 7g〈生地半量〉

＊バターは常温に戻しておく。
＊水は35℃程度に温めておく。

計量する

デジタルスケールにボウルをのせたら、0表示に。強力粉、きび砂糖、塩を分量どおりに計量して入れる。

↓

粉類を混ぜる

粉類を混ぜ、ドライイーストを溶いたぬるま湯を加える。スケッパーで切るように混ぜてから、断面に粉を巻き込みながら、生地をまとめていく。ひとかたまりになったら、つぎのステップへ。

↓

↓

こねる

台に生地を置き、手のひらの下のほうに体重をかけ、前へ押し出すようにしてこねる。粉っぽさがなくなるまで、5分ほどこねる。

↓

バターを練り込む

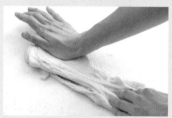

生地を平らにのばし、常温に戻したバターをちぎって、まんべんなくのせる。手前から生地を巻き、とじ目を下にして、台にこすりつけるようにして、バターを練り込む。ベタベタがなくなるまで、繰り返し行う。

↓

↓

こねて、チェック！

さらに5分ほどこねる。指が透けて見えるくらい薄くのばしても、生地が破けなければ、こねる作業は完了。

↓

丸める

ポイントは生地の表面をピンと張らせること。手のひらでなでるようにして下に巻き込み、裏返して、生地の端をつまんでとじる。丸めたら、とじ目を下にして置く。

2. 分割し、色をつける

生地を左ページ〈 〉内の分量で計量し、分割。溶いた着色パウダーをのせ、台にこすりながら、なじませる。こね方はバターのときと同じ要領。均一に色がついたら、丸める。生地がベタつくときは、台に打ち粉をふる。

MEMO
少量の水でパウダーを溶く

着色パウダーに数滴ずつ水（分量外）を加えていき、かためのペースト状にしてから使う。ただし、本書で使った青と水色のパウダーは、水で溶くと生地が扱いにくくなるのでそのまま練り込む。

3. 一次発酵

目安は元の1.5〜2倍

発酵前

発酵後

丸めた生地を、オーブンシートを敷いた天板に置き、オーブンのスチーム発酵機能（35℃）で約40分。目安は発酵前の1.5〜2倍に膨らむまで。

MEMO
ボウルに入れて自然発酵させてもOK

発酵前
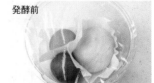

発酵後

ポイントは、オーブンシートで仕切ること。生地同士がくっつかずに発酵させられる。ボウルの口にはラップをぴったりとかぶせることも忘れずに。また、室温によって、発酵の進み方は違うので、生地が1.5〜2倍くらいに膨らむまでと覚えておこう。

↓
ガス抜きし、丸める

一次発酵後、生地を裏返し、手のひらで軽く叩きながら、余分なガスを抜き、また丸めておく。

MEMO
具材を入れる場合は着色の後で

アーモンドダイスなどの具材を混ぜるなら、基本的には、着色パウダーで色づけした後の一次発酵の前に。広げた生地に具材をのせ、練り込む。

つぎのページで絵を作ります！

4. 絵を作る

組み立てタイプ
〖 基本の花 〗

一次発酵後、分割する

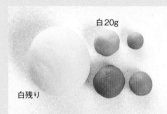

白20g

白残り

一次発酵のあと、各レシピページのパーツごとに分割する。その際、写真内の分量を見て、スケッパーで少しずつ切りながら分ける。写真内に分量のないものは分割しない。

↓

棒状にのばす

イラストパンでひんぱんに使うテクニックは、棒状にのばす作業。丸めておいた生地を指先で転がしながら、棒状にする。基本の花のパンでは、黄色の生地を長さ約4㎝の棒状にする。

↓

長方形にのばす

棒状の生地を包むピンクの生地は長方形にのばす。黄色い棒とそろえ、幅は約4㎝に。麺棒を縦横に転がしながら、棒を包める大きさにのばす。

↓

包む

↓

どのパンも包み方はほぼ同じ。長方形にのばした生地の中央に、棒をのせ、スケッパーで下からすくい上げて、包む。肝心なのは、とじ目。指でつまみ、しっかりとじることで、中の生地のはみだしを防ぐ。つまみ合わせたら、軽く転がし、とじ目の凸凹をきれいに整える。

↓

また包む

↓

取り分けておいた白生地20gも、棒と同じ幅の長方形にして、花のパーツを包む。生地の端は、きっちりととじること。このひと巻きで、焼いたあとも、パーツの輪郭をキープしやすくなる。

↓

組み立てる

丸い焼き型を使う場合は、パーツを立てて組み立てる。葉っぱにするのは緑の生地。スケッパーを使い、目分量で2等分し、長さ約4㎝の棒にしてから、花のパーツの下側にくっつける。

↓

全体を包む

↓

残りの白生地を長方形にのばし、パーツ全体を包む。いちどのばして当ててみて、調節しながら一周できる長さでOK。高さはパーツと同じ4cm。奥から巻いて、手前でつまんでとじたら、成型は完了。

どんな花になるのか
わくわく！

---

type B

カットタイプ
〖 基本の模様 〗

一次発酵後、半分に分ける

p14の分量で着色し、一次発酵させた2色の生地をスケッパーで2等分する。だいたい半分ずつになっていればよいので、目分量でOK。

↓

平らにのばして切る

分割した生地は、麺棒を放射状に転がしながら、直径10cmほどの円形に。さらに、スケッパーで十字に切り、4等分する。

入れ替える

↓

2色の生地を交互に入れ替えたら、生地の表面に麺棒を軽く転がし、生地同士を密着させる。カットして作るパンでは、大事なひと手間。

重ねる

模様を合わせて、4枚の生地を重ねれば成型は終了。本書ではパウンドケーキ型のレシピもあり、その場合は、1段ずつ層にしながら重ねて絵を作る。

模様になるまで
ものの数分！

5. 二次発酵

発酵前

発酵後

絵を作り成型した生地は、オーブンシートを敷いた天板にのせて二次発酵を。型（右ページ参照）の内側にオーブンシートを巻き込み生地を入れる。オーブンのスチーム発酵機能（40℃）で約20分。型の縁から2cmほど下まで膨らめば完了。様子を見て、型が浮くようなら、6の写真のようにオーブンシートと耐熱皿をかぶせて発酵させる。

6. 焼く

グラタン皿などの耐熱皿を型にかぶせて焼く。皿は、重石の役目。生地が膨れて、型からはみだすのを防げる。皿にパンがこびりつかないよう、オーブンシートをかぶせてから皿を。焼き時間は丸い型は、すべて180℃に予熱したオーブンで30分。

MEMO
パウンドケーキ型で
焼くときも耐熱皿を

本書では、パウンドケーキ型で焼くイラストパンも紹介。蓋をして焼くタイプのパンの場合は、型の口をしっかり塞げるサイズの耐熱皿などを蓋の代わりに。耐熱性で、平らなものならなんでもOK。オーブンの天板も蓋代わりになる。

7. 冷まして切る

冷ます

焼きあがったら、すぐにオーブンから取り出し、型から抜いてケーキクーラーに立てて冷ます。焼きあがり直後は、型が熱くなっているので、ミトンや二重にした軍手をしてはずす。

切る

切って、中身を見るのはパンがしっかり冷めてから。パン切り包丁を前後に動かしながら、ゆっくりと切る。

かわいいパンの
できあがり～♪

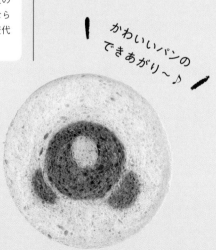

100均の丸い型で焼き型に!

本書でもっとも多く使う焼き型は、直径約10cmの丸い型を2段に重ねたもの。
オーブンシートで合体させます。

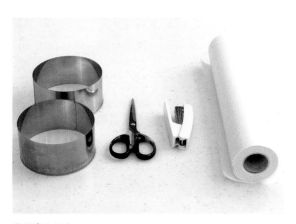

丸い型ふたつを
重ねて

6枚切りの食パン程度の厚さで、5
〜6枚ぶんのパンが焼けます。

◎**用意するもの**
・丸い型（直径約10cm）∞ 2個
・オーブンシート
・ステープラー
・ハサミ

1. 型をふたつ重ねたサイズに合わ
せ、オーブンシートを折り畳む。大き
なオーブンシートを使い、畳んで二重
にすると強度が上がる。

2. 重ねた型の外側にシートを巻いた
ら、両端を持って折り目をつける。隙
間があると、焼くときに型がずれるの
で、ぴったりの位置で折ること。

3. 型からシートをはずし、折り目の
位置をステープラーで留める。留める
位置は、上下に2か所。

4. シートの余った端が長すぎるな
ら、ハサミで切っておく。

5. 型をシートにはめ込むときは、ひ
とつずつ。ゆっくり型を下げていき、
底まで達したら、もうひとつの型をは
め込む。パンを焼き、型からはずした
ら、念のため、ステープラーの針がふ
たつ残っているか確認すること。

パンの色づけは天然素材のこの9色で

各色のパンは、右上の着色パウダーで
生地に色をつけて焼きました。

赤／ビーツパウダー

ボルシチでおなじみの根菜、ビーツが
原料。少量でも、鮮やかな赤に発色。

黄／かぼちゃパウダー

生地に混ぜて焼くと、かぼちゃの味そ
のもの。やさしい甘さも足せる。

緑／ほうれん草パウダー

ほんのりとほうれん草の香りがする、
緑の着色パウダーの定番。

緑／抹茶パウダー

甘納豆などの和の具材とよく合う。か
すかな抹茶の風味がおいしさを後押し。

ピンク／紫いもパウダー

紫いも特有のやさしい甘みを添えな
がら、ピンクのかわいいパンに。

青／バタフライピーパウダー

マメ科の植物、バタフライピーの青い
花が原料。

水色／スピルリナ青パウダー

スピルリナは藻の一種。青い色素はソ
ーダアイスの着色料としても使われる。

茶／ココアパウダー

豊かなココアの風味が食欲をそそる。
無糖の純ココアで。

黒、グレー／ブラックココアパウダー

ビターチョコのような大人の味わい
に。パウダーを減らすとグレーにも。

具材を混ぜて、味と食感をプラス

生地に加えて、好みの味のパンにしてみませんか？
混ぜると、同じパンでも味わいが変わります。

ドライフルーツ

コンビニなどで買えるドライフルーツ
でもOK。粒が大きい場合は刻んで。

クルミダイス

香ばしさをプラスできる。こまかく刻
んであるため、生地になじみやすい。

アーモンドダイス

本書では、メロンのパン(p66)の種に使
用。ドライナッツは薄皮をむいて。

チョコチップ

スーパーの製菓材料コーナーでも入手
可。焼成しても溶けにくいものを選ぶ。

レーズン

生地に適量を混ぜて焼けば、甘酸っぱ
い味も楽しめるイラストパンに。

ケシの実

軽い食感を足したいときにはケシの
実。製菓材料コーナーで入手できる。

イチゴの粒ジャム

かたい粒なのに混ぜて焼くと、溶けて
ジャムになる便利な具材。

メイプルシロップの粒ジャム

クリームチーズとの相性が◎。粒ジャ
ムは生地にしっかり混ぜて焼く。

甘納豆

大粒の大納言なら、成型後も形が残
り、ほくっと、素朴な甘さに。

焼いたパンを冷凍するなら
密封容器で保存！

かわいい絵にできたイラストパンをすぐにぜんぶ食べてしまうのは、なんだか惜しい感じがする？　それなら、冷凍保存しましょう。ふつうのパンと同じで、常温でとっておくよりも、おいしく保存できます。コツは、密封容器に入れること！　ふつうの食パンと同様、スライスしてから、ラップできっちり包み、密封容器で冷凍保存。庫内の臭い移りを防ぎながら、形もキープしつつ冷凍できます。密封容器を入れる隙間がない場合は、冷凍用の保存袋に。食べるときは凍ったままトースターで、薄く焼き目がつく程度に焼いて。

ラップで1枚ずつ包んでから

PART 2

イラストパンは
こんなに
楽しいパンです

つぎのページを開くと、わっと驚くでしょうね。
虹や青空などのお天気のパン。
身のまわりのものすべてが
かわいいイラストパンのモチーフになるんです。
どれから作りますか？ 型を使わずに
工作みたいにして作るパンもおすすめです。

かたつむり

あじさい

雨のち晴れ

雨の日が続いても、
いつか太陽が顔を出します。
しょんぼりしている人へも
セットでプレゼントしてみませんか？
雨のち晴れの楽しいパン。

青空

number
3

虹

number
4

あじさい

青系の着色パウダー2種で色づけした
棒を組み立てて、あじさいの花に。

◎材料

強力粉 ∞ 160g
きび砂糖 ∞ 15g
無塩バター ∞ 10g
塩 ∞ 2g
ドライイースト ∞ 2g
水 ∞ 90㎖

◎着色パウダーと生地の分量

青／バタフライピー ∞ 0.2g〈25g〉
水色／スピルリナ青 ∞ 0.1g〈25g〉
緑／ほうれん草 ∞ 0.5g〈40g〉
着色しない白生地〈残り〉

◎作り方

1. 基本の作り方(p14〜15)で4色の生地を作り、一次発酵後、手で軽く押してガスを抜いてから、緑と白生地は写真内の分量に分割し、丸めておく⒜。
2. 花の部分を作る。青系2色の生地は、目分量で8等分し、長さ約4㎝の棒状にする⒝。
3. 棒状にした2色の生地をランダムに立てて、輪郭が丸くなるように並べる⒞。
4. 緑生地は長さ約4㎝の俵形にしてから、側面を指で押して少し潰す。ふたつ作ったら、3のパーツの下側に密着させる。これが葉⒟。
5. 白生地10gも葉と同様に形作り、葉と葉の間に密着させる⒠。
6. 残りの白生地は、全体を囲める大きさの長方形にのばし、包んで端をとじる⒡。
7. 型に入れて二次発酵後、蓋をして、180℃に予熱したオーブンで30分焼く。

白10g
緑20g×2
白残り

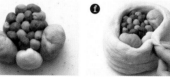

かたつむり

かたつむりの殻部分を半分にスライスして、
サンドイッチにしても楽しいパン。

◎材料 [4個分]

強力粉 ∞ 160g
きび砂糖 ∞ 15g
無塩バター ∞ 10g
塩 ∞ 2g
ドライイースト ∞ 2g
水 ∞ 90㎖

◎着色パウダーと生地の分量

着色しない白生地〈120g〉
水色／スピルリナ青 ∞ 0.1g〈50g〉
ピンク／紫いも ∞ 3g〈残り〉

◎作り方

1. 基本の作り方(p14〜15)で3色の生地を作り、一次発酵後、手で軽く押してガスを抜いてから、白生地は写真内の分量に分割し、丸めておく⒜。
2. かたつむりは殻から作る。ピンク生地と水色生地を約12㎝四方の正方形にのばす⒝。
3. ピンク生地の上に水色生地をのせて、麺棒で軽くならして密着させたら、スケッパーで起こしながら、ロールケーキのように巻く⒞。
4. 3のとじ目をしっかり合わせ、スケッパーで4等分。オーブンシートを敷いた天板に断面を上にして並べたら⒟、手のひらで押して高さを2㎝ほどにする。
5. 白生地で作る体の部分は、片側が細い棒状に。長さは約16㎝。4つ作ったら殻との間に5㎜ほどの隙間を空けて置く⒠。
6. 二次発酵させ、約1.5倍に膨らんだら、180℃に予熱したオーブンを160℃に下げて15分焼く。焼き上がったら、かたつむりの顔をチョコペンで描き、触角は揚げたスパゲッティを刺して作る。

白30g×4

number
3

青空

白い雲がぽっかり浮かんだ青空を
イメージして作りましょう。

◎材料

強力粉 ∞ 160g
きび砂糖 ∞ 15g
無塩バター ∞ 10g
塩 ∞ 2g
ドライイースト ∞ 2g
水 ∞ 90㎖

◎着色パウダーと生地の分量

着色しない白生地〈40g〉
水色／スピルリナ青 ∞ 0.5g〈残り〉

◎作り方

1. 基本の作り方(p14〜15)で2色の生地を作り、一次発酵後、手で軽く押して ガスを抜いてから、白と水色生地を写真内の分量に分割し、丸めておく**ⓐ**。
2. 雲から作る。白生地を長さ約4㎝の俵形にしてから、側面を指で押して少し潰 す**ⓑ**。これをふたつ作る。
3. 水色生地10gふたつは、2のパーツを包める長さの長方形にのばし、2を中央 にのせて包む**ⓒ**。
4. 水色生地30gふたつも白生地と同様に、長さ約4㎝の俵形にしてから指で潰す。 3でできたパーツを立てて、写真のように組み立てる**ⓓ**。
5. さらに、水色生地10gふたつも長さ約4㎝の棒にして、隙間に密着させる**ⓔ**。
6. 残りの水色生地は5を囲める長さの長方形にのばし、全体を包んでとじる**ⓕ**。
7. 型に入れ、二次発酵後、蓋をして、180℃に予熱したオーブンで30分焼く。

ⓐ

水色10g×4
水色残り
白20g×2
水色30g×2

ⓑ

ⓒ

ⓓ

ⓔ

ⓕ

---

number
4

虹

虹の各色の生地の長さを
変えて弧を描きます。

◎材料

強力粉 ∞ 160g
きび砂糖 ∞ 15g
無塩バター ∞ 10g
塩 ∞ 2g
ドライイースト ∞ 2g
水 ∞ 90㎖

◎着色パウダーと生地の分量

黄／かぼちゃ ∞ 2g〈45g〉
赤／ビーツ ∞ 1.5g〈50g〉
水色／スピルリナ青 ∞ 0.1g〈40g〉
着色しない白生地〈残り〉

◎作り方

1. 基本の作り方(p14〜15)で4色の生地を作り、一次発酵後、手で軽く押してガ スを抜いてから、白生地は写真内の分量に分割し、丸めておく**ⓐ**。
2. 白生地60gは長さ約4㎝の俵形にする。
3. 虹を作る3色の生地は長さを少しずつ変えた長方形にのばす。水色は約10 ×4㎝、黄は約12×4㎝、赤は約13×4㎝**ⓑ**。
4. 2の白生地に水色、黄、赤の順に生地の端をそろえてかぶせる**ⓒ**。
5. 残りの白生地は約14×4㎝の長方形にのばし、赤生地の上に重ねる**ⓓ**。すべ て弧を描くように重ねることで虹になる。
6. 型に入れて二次発酵後、蓋をして180℃に予熱したオーブンで30分焼く。

ⓐ
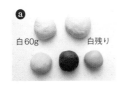
白60g
白残り

ⓑ

ⓒ

ⓓ

模様3種

PART1の「カットタイプ」(p17)のパンの応用編。
切り方や組み立て方を少し変えるだけで、
模様のバリエーションが増えます。
さまざまな色で作ってみたい
おしゃれな模様パン。

しましま

毬

チェック

number 5

難易度 ▲
2段重ねの丸い型

しましま

黒と白のストライプで、
シマウマに見立てても楽しそう。

◎**材料**
強力粉 ∞ 160g
きび砂糖 ∞ 15g
無塩バター ∞ 10g
塩 ∞ 2g
ドライイースト ∞ 2g
水 ∞ 90㎖
◎**着色パウダーと生地の分量**
着色しない白生地〈半量〉
黒／ブラックココア ∞ 3g〈半量〉

◎**作り方**
1. 基本の作り方(p14〜15)で2色の生地を作り、一次発酵後、手で軽く押してガスを抜いてから、目分量でそれぞれ2等分し、丸めておく❶。
2. 麺棒を使い、生地はすべて直径約10㎝の円形にのばす❷。
3. 幅をそろえて縦6つにスケッパーでカット。2色の生地を交互に入れ替え、縞模様にする❸。
4. 生地の表面に麺棒を軽く転がし、つなぎ目を密着させてから、柄を合わせて重ねる。
5. 型に入れ、二次発酵後、蓋をして、180℃に予熱したオーブンで30分焼く。

number 6

難易度 ▲
2段重ねの丸い型

毬 まり

生地を放射状に切って組み合わせるだけ。
コントラストのつく色の生地で。

◎**材料**
上記しましまと同じ
◎**着色パウダーと生地の分量**
緑／ほうれん草 ∞ 3g〈半量〉
ピンク／紫いも ∞ 4g〈半量〉

◎**作り方**
1. 基本の作り方(p14〜15)で2色の生地を作り、一次発酵後、手で軽く押してガスを抜いてから、目分量でそれぞれ2等分し、丸めておく❹。
2. 生地は直径約10㎝の円形にのばし、スケッパーで放射状に6等分にカット。2色の生地を交互に入れ替え、毬の模様にする❺。
3. 表面に麺棒を軽く当て、生地のつなぎ目を密着させてから、柄を合わせて重ね、型に入れる。二次発酵後、蓋をして、180℃に予熱したオーブンで30分焼く。

number 7

難易度 ▲▲
パウンドケーキ型

チェック

縞模様生地を交互に重ねて四角く成型すると
チェック模様のできあがり♪

◎**材料**
強力粉 ∞ 130g
きび砂糖 ∞ 10g
無塩バター ∞ 5g
塩 ∞ 2g
ドライイースト ∞ 2g
水 ∞ 75㎖
◎**着色パウダーと生地の分量**
青／バタフライピー ∞ 0.5g〈半量〉
着色しない白生地〈半量〉

◎**作り方**
1. 基本の作り方(p14〜15)で2色の生地を作り、一次発酵後、手で軽く押してガスを抜き、丸めておく❻。
2. 生地を約16×12㎝の長方形にのばし、写真のようにスケッパーで8等分にカットする❼。
3. カットした青生地2本と白生地2本を交互に入れ替え、縞模様にする❽。
4. さらに、白生地の上には青、青生地の上には白を重ねていき、4段重ねる❾。
5. オーブンシートを敷き込んだパウンドケーキ型に入れ、二次発酵を。型の縁から1㎝ほど下まで膨らんだら、蓋をして180℃に予熱したオーブンで30分焼く。

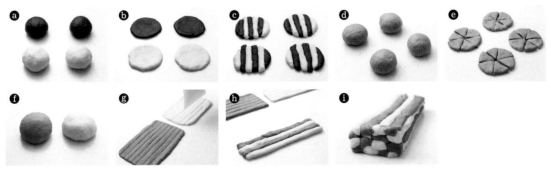

number

8

きのこ

くま

number

10

木

number

9

森の仲間

並べたお皿の上に、絵本があらわれる
森の仲間たち。木には、小さなくまが
食べたくなるような赤い実を
ジャムとかぼちゃの種でつけました。
おいしさもアップします。

きのこ

蓋をせずに焼けば、丸い笠に。
茶と赤のきのこ、好きなほうで作って。

◎材料 [茶色または赤1本分]

強力粉 ∞ 220g
きび砂糖 ∞ 20g
無塩バター ∞ 15g
塩 ∞ 3g
ドライイースト ∞ 3g
水 ∞ 120㎖

◎着色パウダーと生地の分量

〚 茶色のきのこ 〛
着色しない白生地〈150g〉
黄／かぼちゃ ∞ 1.5g〈20g〉
茶／ココア ∞ 4g〈残り〉

〚 赤いきのこ 〛
薄茶／ココア ∞ 0.4g〈150g〉
黄／かぼちゃ ∞ 1.5g〈20g〉
赤／ビーツ ∞ 7g〈残り〉

◎作り方

1. 茶色のきのこを作る。基本の作り方（p14〜15）で生地を作り、一次発酵後、手で軽く押してガスを抜き、茶生地は写真内の分量に分割し、丸めておく **a**。
2. 白生地を約16×7㎝の長方形にのばし、パウンドケーキ型の底に敷き詰める **b**。
3. 茶生地90gは約16×12㎝の長方形に。黄生地を目分量で4等分してから約16㎝の棒状にのばし、茶生地の上に均等にのせる。
4. スケッパーで押さえながら、茶生地で棒をひとつずつ包み込みながら巻いていく **c**。巻き終わりはつまんで、とじ合わせる。
5. 残りの茶生地は約16×9㎝の長方形に。中央に4のパーツを置き **d**、両側から包み上げ、端をつまんでとじる。
6. とじ目を下にして、白生地の中央に重ねる **e**。
7. 二次発酵し、茶生地が型の縁から3㎝ほど盛り上がったら、180℃に予熱したオーブンで25分焼く。このパンは蓋をしないで焼く。

※赤いきのこは、白生地を薄茶生地に、茶生地を赤い生地に変えて、あとは同様に作る。

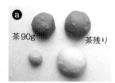

茶90g　茶残り

木

ポイントは、緑の生地をつまみ合わせるところ。
葉の茂った大きな木になります。

◎材料

強力粉 ∞ 160g
きび砂糖 ∞ 15g
無塩バター ∞ 10g
塩 ∞ 2g
ドライイースト ∞ 2g
水 ∞ 90㎖

◎着色パウダーと生地の分量

着色しない白生地〈30g〉
茶／ココア ∞ 0.3g〈30g〉
緑／ほうれん草 ∞ 1.5g〈残り〉

◎作り方

1. 基本の作り方（p14〜15）で生地を作り、一次発酵後、手で軽く押してガスを抜き、白生地は写真内の分量に分割しておく **a**。
2. 茶生地は俵形にのばし、片側だけ、端をつまんで尖らせる **b**。
3. 緑生地は目分量で2等分して丸め、2の棒の尖ったほうの両側に接着させる **c**。
4. 白生地ふたつは短い棒状にして、茶生地に添える。緑生地の上部をつまみ、つなぎ合わせる **d**。
5. 型に入れて、二次発酵後、蓋をして、180℃に予熱したオーブンで30分焼く。

白15g×2

くま

くまは、つぶらな目から作ります。
スケッパーや指先を使って、パーツを作りましょう。

◎**材料**

強力粉 ∞ 160g
きび砂糖 ∞ 15g
無塩バター ∞ 10g
塩 ∞ 2g
ドライイースト ∞ 2g
水 ∞ 90㎖

◎**着色パウダーと生地の分量**

茶／ココア ∞ 0.7g〈50g〉
黒／ブラックココア ∞ 0.1g〈3g〉
着色しない白生地〈残り〉

◎**作り方**

1. 基本の作り方(p14〜15)で生地を作り、一次発酵後、手で軽く押してガス抜きを。3色とも写真内の分量に分割し、丸めておく❶。

2. くまの顔は目から作る。黒生地ふたつを約4㎝の棒状にし、同じ長さの長方形にのばした茶生地3gふたつで包んでとじる❷❸。スケッパーですくいながら巻くとやりやすい。

3. 鼻も同様。黒生地ひとつを長さ約4㎝の棒状にし、同じ長さの長方形にのばした白生地5gひとつで包んでとじる❹。

4. 3と同じ長さの長方形にのばした茶生地5gひとつの中央に、3の鼻のパーツを置き、両側から包み上げ、つまんでつなぎ合わせる❺。

5. 茶生地2gふたつを長さ約4㎝の棒状にし、鼻のパーツの両側に添える❻。

6. 鼻の両側に添えた茶生地の上に、目のパーツをのせる。茶生地5gひとつを長方形にのばし、鼻の上にのせる❼。

7. 残りの茶生地で、目と鼻のパーツ全体を包む。全体を包める大きさの長方形にのばしてから、目を下側にして中央にのせ、顔の下側で生地をつなぎ合わせる❽。

8. 耳にする茶生地5gふたつを約4㎝の棒状にのばして、目の斜め上にのせる❾。

9. 長方形にのばした白生地3種で、顔のまわりを包む。顔の下半分(耳の下まで)は30gの生地で。耳のまわりは5gふたつで包み、最後に、耳と耳の間にも10gの生地をのばしてのせる❿。

10. 残りの白生地を9のパーツを囲める長さにのばし、顔全体を包む。生地は顔の下側でつまんでつなぎ合わせる⓫。

11. 型に入れて、二次発酵後、蓋をして、180℃に予熱したオーブンで30分焼く。

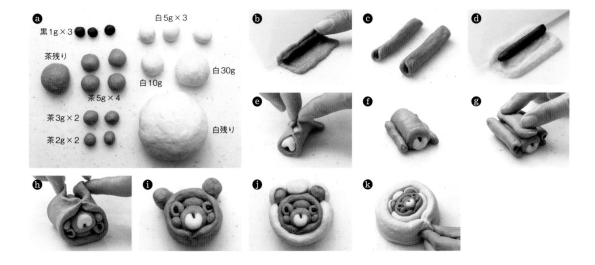

❶
黒1g×3
白5g×3
茶残り
白10g
白30g
茶5g×4
茶3g×2
白残り
茶2g×2

❷ ❸ ❹ ❺ ❻ ❼ ❽ ❾ ❿ ⓫

number
11

色鉛筆

難易度 ▲
焼き型・不使用

着色パウダーの種類が違うだけで、
作り方はどの色鉛筆も同じ。

◎**材料**[5本分]
強力粉 ∞ 160g
きび砂糖 ∞ 15g
無塩バター ∞ 10g
塩 ∞ 2g
ドライイースト ∞ 2g
水 ∞ 90㎖
◎**着色パウダーと生地の分量**
緑／ほうれん草 ∞ 0.5g〈40g〉
黄／かぼちゃ ∞ 1.5g〈40g〉
茶／ココア ∞ 1g〈40g〉
赤／ビーツ ∞ 0.5g〈40g〉
青／バタフライピー ∞ 0.3g〈40g〉
着色しない白生地〈残り〉

◎**作り方**
1. 基本の作り方(p14〜15)で6色の生地を作り、一次発酵後、手で軽く
   押してガスを抜いてから、各色とも写真内の分量に分割し、丸めてお
   く❶。
2. 色鉛筆の芯は着色した生地6gを長さ約15㎝の棒状にして作る。白
   生地15gは芯と同じ長さの長方形にのばす❷。
3. 2の白生地の中央に、棒をのせ、白生地の両端を上へ持ち上げて包む
   ❸。つまんでとじたら、軽く転がして表面を整える。
4. 残りの着色生地も長さ約15㎝の長方形にのばし、3のパーツを中央
   にのせて包む❹。とじたら、軽く転がして、なじませる。
5. とじ目を下にして、オーブンシートを敷いた天板にのせて❺二次発
   酵させる。約1.5倍に膨らんだら、180℃に予熱したオーブンを140
   ℃まで下げて、15分焼く。
6. 焼き上がったら、しっかり冷まし、パン切り包丁で先端を鉛筆形に斜
   めにカットし芯を出す❻。反対側の端は真っ直ぐ切り落とす。

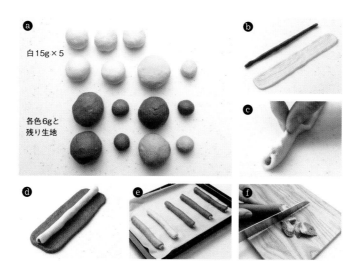

白15g×5

各色6gと
残り生地

スポーツ

焼き型の丸い形をシンプルに生かすと
ボールも作れます！
サッカー、テニス、野球。
そのスポーツが趣味という人に
プレゼントしてみて。

野球ボール

テニスボール

サッカーボール

number
12

野球ボール

ボールの赤い縫い目は、紅白の生地で
縞模様にしてから作ります。

◎材料
強力粉 ∞ 160g
きび砂糖 ∞ 15g
無塩バター ∞ 10g
塩 ∞ 2g
ドライイースト ∞ 2g
水 ∞ 90㎖

◎着色パウダーと生地の分量
赤／ビーツ ∞ 1g〈20g〉
着色しない白生地〈残り〉

◎作り方
1. 基本の作り方(p14〜15)で2色の生地を作り、一次発酵後、手で軽く押してガスを抜いてから、白生地は写真内の分量に分割し、丸めておく**ⓐ**。
2. ボールの縫い目から作る。赤生地は約10×4㎝、残りの白生地は約8×4㎝の長方形にのばす**ⓑ**。
3. スケッパーで赤生地は10等分、白生地は8等分にカット。交互に並べて、縞模様の長方形をふたつ作ったら**ⓒ**、麺棒を軽く転がし、生地同士を密着させる。
4. 白生地60gふたつを長さ約4㎝の俵形にし、**3**のパーツの中央にのせる。スケッパーで下からすくい上げて回転させ**ⓓ**、縞模様を上にする**ⓔ**。このパーツをふたつ作る。
5. 白生地30gふたつを紅白の**3**のパーツにぴったり重なるサイズの長方形にのばし、**4**の上にかぶせ、中心で背中合わせに密着させる**ⓕ**。
6. 残りの白生地30gふたつでパーツの隙間を埋める。長さ4㎝の俵形にまとめたら、側面をつまんで尖らせ、上下の隙間に入れる**ⓖ**。
7. 型に入れて二次発酵後、蓋をして、180℃に予熱したオーブンで30分焼く。

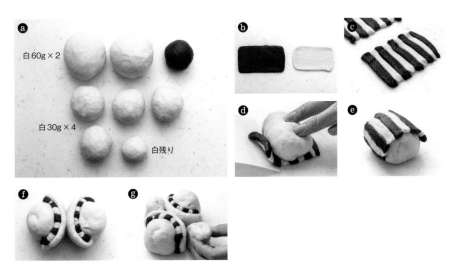

テニスボール、サッカーボールの作り方は次のページ→

number
13
テニスボール
U字のラインで、典型的なテニスボールに。
かぼちゃの素朴な甘さがおいしいパン！

◎材料
強力粉 ∞ 160g
きび砂糖 ∞ 15g
無塩バター ∞ 10g
塩 ∞ 2g
ドライイースト ∞ 2g
水 ∞ 90mℓ
◎着色パウダーと生地の分量
着色しない白生地〈45g〉
黄／かぼちゃ 15g〈残り〉

◎作り方
1. 基本の作り方（p14〜15）で2色の生地を作り、一次発酵後、手で軽く押してガスを抜いてから、黄生地は写真内の分量に分割し、丸めておく 。
2. 黄生地15gと30gは長さ約4cmの俵形にする。
3. 2のパーツは、30gのパーツを手前、15gのパーツを奥側にして立てて置き、長方形にのばした白生地で手前からU字に囲む 。
4. 黄生地10gふたつは長さ4cmの棒状にし、3のパーツの両側に添える。位置は、白生地で囲んだ奥の黄生地の横 。
5. 残りの黄生地を長方形にのばし、手前から4を包み上げ、白生地の端とつなぐ 。
6. 型に入れて二次発酵後、蓋をして、180℃に予熱したオーブンで30分焼く。

number
14
サッカーボール
黒い色はブラックココアで着色。
ビターな風味も楽しめる大人味のパン。

◎材料
強力粉 ∞ 160g
きび砂糖 ∞ 15g
無塩バター ∞ 10g
塩 ∞ 2g
ドライイースト ∞ 2g
水 ∞ 90mℓ
◎着色パウダーと生地の分量
着色しない白生地〈150g〉
黒／ブラックココア ∞ 3g〈残り〉

◎作り方
1. 基本の作り方（p14〜15）で2色の生地を作り、一次発酵後、手で軽く押してガスを抜いてから、2色とも写真内の分量に分割し、丸めておく 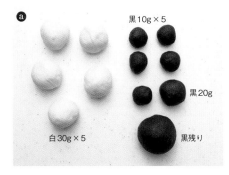。
2. 白生地は長さ約4cmの俵形に、黒生地10gはこの俵を半分覆える幅の長方形にする 。それぞれ5つ作る。
3. 黒生地の中央に白生地の俵をのせたら、スケッパーで起こして、黒生地を上にする 。
4. 黒生地20gは長さ約4cmの俵形にして立てて置く。これを中心にして、3のパーツで のように囲む。囲むときは写真内の点線で円をイメージする。
5. 残りの黒生地は目分量で5等分。長さ約4cmの棒状にしてから、側面をつまんで尖らせる 。
6. 尖ったほうを、4で組み立てた生地の隙間にはめ込む 。
7. 型に入れて二次発酵後、蓋をして、180℃に予熱したオーブンで30分焼く。

PART 3

かわいいパンを
おいしい
アレンジつきで

いつものサンドイッチも
イラストパンなら、「楽しさ」が加わって、
何倍もおいしく食べられるんです！
絵に合わせたアレンジレシピつきで、
メロンパン風やとろ〜りとチョコをのせた
おやつパン。食べる楽しみをお届けします。

あんこアレンジ

スマイル

どのにっこりスマイルも
1本のパンをスライスしたもの。
あんこやスパゲッティなど、
食べ物でヘアスタイルを変えました。
どの子がお好き？

メロンパン風アレンジ

おいしく
アレンジ

ナポリタンアレンジ

焼きそばアレンジ

リンゴのリボンをつけて

スマイル

口のラインを丸くすることで笑顔に。
顔のパーツごとに作って、組み立てて。

難易度 ▲▲▲
2段重ねの丸い型

◎材料

強力粉 ∞ 160g
きび砂糖 ∞ 15g
無塩バター ∞ 10g
塩 ∞ 2g
ドライイースト ∞ 2g
水 ∞ 90mℓ

◎着色パウダーと生地の分量

黒／ブラックココア ∞ 0.2g〈8g〉
着色しない白生地〈残り〉

◎作り方

1. 基本の作り方(p14〜15)で2色の生地を作り、一次発酵後、手で軽く押してガスを抜いてから、2色とも右ページの写真内の分量に分割し、丸めておく❶。

2. 目から作る。黒生地2gふたつを長さ約4cmの棒状にし、白生地5gふたつは同じ長さの長方形に。白生地の中央に黒生地の棒をのせたら、両側から持ち上げ、端をきっちりとつまんで留め❶、軽く転がして生地をなじませる。

3. 鼻は黒生地1gと白生地2gで作る。黒生地は約4×1cmの長方形にのばし、白生地は長さ約4cmの棒状にする。黒生地の中央に白生地をのせたら、スケッパーですくいながら回転させ❶、半分囲む❶。

4. さらに、白生地3gを長方形にのばし、3のパーツを黒生地を下にして包んでとじる❶。

5. 口のラインにするのは黒生地3g。約4×2.5cmの長方形にのばす。長さ4cmの棒状にした白生地5gを中央にのせ、半分囲む。鼻のパーツと同じ要領で、スケッパーですくいながら。

6. 白生地10gは約4cm四方の正方形にして、5のパーツを黒生地を下にして中央にのせて包む❶。包む位置は黒生地の端のところまで。黒生地の端に白生地を覆いかぶせる❶。

7. これまで作ったパーツを立てて組み立てる❶。口、鼻、目の順番に組み立てるとバランスよく配置できる。

8. ほっぺたにするのは、高さ約4cmの俵形にした白生地30g。口の横にふたつ添える❶。

9. 白生地80gを高さ約4cmに丸めて、目の上に添える。

10. 残りの白生地で顔全体を包む。全体を囲める長さの長方形にのばしたら、手前から巻いて、頭の上でしっかりつなぎ合わせる❶。

11. 型に入れて二次発酵後、蓋をして、180℃に予熱したオーブンで30分焼く。

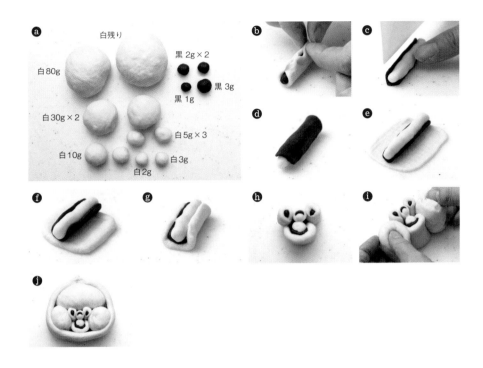

ARRANGE

おいしい食べものでおしゃれさせて

p40のあんこのヘアスタイルは、あんこをぬってから爪楊枝で線を描きます。
ナポリタンは、くるっと小さくひと巻き。焼きそばヘアには、うずらの目玉焼きで髪飾りに。
メロンパン風にトーストしたパンもあります。
常温に戻したバターに小麦粉と砂糖を混ぜ、頭に塗ります。
さらにグラニュー糖をかけてから、スケッパーで格子状に線を。
顔にアルミホイルをかぶせ、メロンパン生地がカリッとするまでトースターで焼けばできあがり。
パン1個につき、バター10g、小麦粉と砂糖各大さじ1、グラニュー糖少々。

カップケーキ

トッピングをさまざまに楽しめるよう、
シンプルなカップケーキを作ります。

難易度 ▲
パウンドケーキ型

◎材料
強力粉 ∞ 160g
きび砂糖 ∞ 15g
無塩バター ∞ 10g
塩 ∞ 2g
ドライイースト ∞ 2g
水 ∞ 90mℓ

◎着色パウダーと生地の分量
グレー／ブラックココア ∞ 0.2g〈130g〉
着色しない白生地〈残り〉

◎作り方
1. 基本の作り方 (p14〜15) で2色の生地を作り、一次発酵後、手で軽く押してガスを抜き、丸めておく ⓐ。
2. グレー生地を約16×7cmの長方形にのばし ⓑ、オーブンシートを敷いたパウンドケーキ型に入れる。
3. 白生地は約16×14cmにのばす ⓒ。スケッパーで起こしながら、手前から巻き ⓓ、巻き終わりをつまんでとじる。
4. とじ目を下にして、グレー生地の中央にのせる ⓔ。
5. 二次発酵させ、型の縁から約2cm盛り上がったら、180℃に予熱したオーブンで蓋をせずに25分焼く。

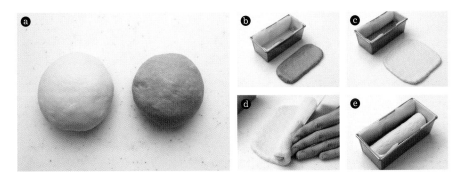

- -

ARRANGE

レモン味やイチゴ味、いろいろなチョコを溶かして
カップケーキパンはトッピングして食べるパン。
フルーツ味やホワイトチョコなど、色合いもさまざまな
チョコレートを湯せんで溶かし、パンにかけます。
写真のトッピングはアーモンドとピスタチオ、ドライストロベリー。
フレーバーも食感も楽しいおやつになります。

- -

おいしく
アレンジ

富士山

富士山とプリン

色を変えるだけで、富士山にもプリンにも。
パンの両側を切り落とすのがポイント！

難易度 ⛰
パウンドケーキ型

◎**材料**[富士山またはプリン1本分]

強力粉 ∞ 130g
きび砂糖 ∞ 10g
無塩バター ∞ 5g
塩 ∞ 2g
ドライイースト ∞ 2g
水 ∞ 75㎖

◎**着色パウダーと生地の分量**

〖 富士山 〗
着色しない白生地〈65g〉
水色／スピルリナ青 ∞ 0.3g〈残り〉
〖 プリン 〗
茶／ココア ∞ 1g〈65g〉
黄／かぼちゃ ∞ 8g〈残り〉

◎**作り方**

1. 富士山を作る。基本の作り方(p14〜15)で2色の生地を作り、一次発酵後、手で軽く押してガスを抜き、丸めておく❶。
2. 白生地を約16×7㎝の長方形にのばし、オーブンシートを敷いたパウンドケーキ型に入れる❷。
3. 水色生地も2の白生地と同じ大きさの長方形にのばし、白生地に重ねる❸。
4. 型の縁から1㎝程度下まで二次発酵後、蓋をして、180℃に予熱したオーブンで30分焼く。
5. 焼きあがったら冷まして、パンをカット。左右を斜めに切り落として山形にする❹。

※プリンは白生地を茶生地に、水色生地を黄生地に変えて、あとは同様に作る。

おいしく
アレンジ

プリン

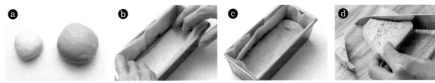

ARRANGE

富士山：白い雪をかぶったさくさくラスク

薄く切ったパンをラスクにするときは、160℃に予熱したオーブンで10分焼き、
裏返して8分焼きます。グラニュー糖を混ぜた溶かしバターを塗り、さらに2分ほど焼きます。
焦げ目がつかないように注意。湯せんで溶かしたホワイトチョコレートを山のてっぺんにかけて完成。

プリン：ディップして食べたいプリンアラモード！

写真奥のラスクにも、湯せんで溶かしたチョコレートをかけています。
手前の器では、カットしたままのパンでプリンアラモード風に！
ホイップクリームと缶詰のサクランボを添えて、ディップしながら召し上がれ♪

おいしく
アレンジ

えだ豆

ビール

ビール

お疲れさまと出したいビールは、
棒状にのばした生地を積み重ねて泡に。

◎**材料**
強力粉 ∞ 250g
きび砂糖 ∞ 25g
無塩バター ∞ 15g
塩 ∞ 3g
ドライイースト ∞ 3g
水 ∞ 140㎖

◎**着色パウダーと生地の分量**
黄／かぼちゃ ∞ 8g〈200g〉
着色しない白生地〈残り〉

◎**作り方**
1. 基本の作り方（p14〜15）で2色の生地を作り、一次発酵後、手で軽く押してガスを抜き、丸めておく 。
2. 黄生地を約16×7㎝の長方形にのばし、オーブンシートを敷き込んだパウンドケーキ型の底に敷き詰める。
3. ビールの泡にする白生地は目分量で9等分して、長さ約16㎝の棒状にする 。
4. 2の黄生地の上に、3の棒を3段に重ねていく。最初は4本並べ、2段目は間に3本。3段目はまた間に2本並べ、山形にする 。
5. 二次発酵させ、型の縁から3㎝ほど高く膨らんだら 、180℃に予熱したオーブンで25分焼く。このパンは蓋をしないで焼く。

えだ豆

パンを横に切ると、豆が仲良く並ぶ
ユーモア満点のおつまみパン。

◎**材料**［6個分］
強力粉 ∞ 160g
きび砂糖 ∞ 15g
無塩バター ∞ 10g
塩 ∞ 2g
ドライイースト ∞ 2g
水 ∞ 90㎖

◎**着色パウダーと生地の分量**
薄い緑／ほうれん草 ∞ 0.5g〈70g〉
濃い緑／ほうれん草 ∞ 10g〈残り〉

◎**作り方**
1. 基本の作り方（p14〜15）で2色の生地を作り、一次発酵。手で軽く押して、ガス抜きしてから、濃い緑生地は写真内の分量に分割し、丸めておく 。
2. 3つの生地はそれぞれ、目分量で6等分する 。
3. 薄い緑生地6つは長さ約5㎝の棒状に。90gのほうの濃い緑生地6つは棒を包める大きさの長方形にのばし、生地の中央に棒をのせる。両側から生地を持ち上げ、つまんでとじ合わせて包み、軽く転がす。
4. 3のパーツをスケッパーで3等分にカットすると豆ができる 。
5. えだ豆のさやは、残りの濃い緑生地6つで作る。麺棒でのばして、豆を包む大きさの葉の形にする。中央に、4を3つずつ断面を上にしてのせる 。
6. さやの生地をとじ、側面の豆同士が接している部分を指で押して、くぼませる 。
7. オーブンシートを敷いた天板に並べて二次発酵。約1.5倍に膨らんだら180℃に予熱したオーブンを140℃に下げて15分焼く。

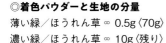

濃い緑残り
濃い緑90g

ARRANGE

おつまみには、えだ豆ガーリックトースト

常温に戻したバターに、おろしニンニクと粉チーズを混ぜて、
半分にカットしたえだ豆パンに塗ります。あとは、トースターで色よく焼くだけ！ お好みで塩をパラリ。
粉チーズを入れることで、コクのある味わいに。ビールにもワインにも合うおつまみレシピです。

ボタン

難易度 ▲
2段重ねの丸い型

野菜の抜き型で、穴をあけるとボタンに。
楽しいサンドイッチになります。

◎**材料**
強力粉 ∞ 160g
きび砂糖 ∞ 15g
無塩バター ∞ 10g
塩 ∞ 2g
ドライイースト ∞ 2g
水 ∞ 90㎖

◎**着色パウダーと生地の分量**
濃い黄／かぼちゃ ∞ 10g〈150g〉
薄い黄／かぼちゃ ∞ 3g〈残り〉

◎**作り方**
1. 基本の作り方（p14〜15）で2色の生地を作り、一次発酵後、手で軽く押さえてガスを抜き、丸めておく 。
2. 濃い黄生地は、丸めておいた薄い黄生地を囲める長さの棒状に 。生地が手につくときは強力粉（分量外）をふるとよい。
3. 丸めた生地に棒状の濃い黄生地を巻き、端をつまんでとじる 。
4. 型に入れて二次発酵後、蓋をして、180℃に予熱したオーブンで30分焼く。
5. 焼きあがったら冷ましてから、パンを1枚ずつにカット。直径1.5㎝の丸い抜き型でボタンの穴をあける 。

- -

ARRANGE

ボタンの穴にはハムで"糸"をかけて

レタスやチーズなど、冷蔵庫にある食材を挟んでサンドイッチにしませんか？
ポイントはボタンの穴。ハムやキュウリ、かにかまなど、好きな食材を細く切って、
穴に渡せば、さらにボタンらしくなります。
穴をそのまま見せる場合は、中に挟む食材の色で遊んで。

- -

イラストパンをもっと楽しく！❷

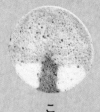

このパンに…

チョコペンやジャムで
絵をプラス

作ったイラストパンで、「トーストアート」風に楽しんでみませんか？　使うのはスーパーでも入手できるチョコペンやジャム。p31の木のパンも、イチゴジャムで、リンゴの実を描き、軸はチョコペン、葉っぱはかぼちゃの種で描いています。トーストアート風アレンジで、シンプルなパンも変幻自在！　好きなように絵を加えて、オリジナルのパンにしてみてください。チョコペンは100均でも、白、ピンク、茶のほかにいろいろな色がそろっています。湯せんで、溶かしてから使うチョコペンもありますが、はじめから溶けていて、すぐに使えるタイプもあります。

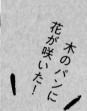

木のパンに
花が咲いた！

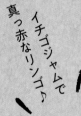

イチゴジャムで
真っ赤なリンゴ♪

PART 4

渡したら笑顔に！
プレゼントしたい
イラストパン

はじめてイラストパンを見た人は
誰もが、わあ！っと驚きます。
人が集まるときや、ちょっとしたお返しに。
相手のきらきらした笑顔のために
絵にぴったりなラッピングアイデアつきでご紹介。
ラッピング素材も100均で調達しました。

number 21 花畑

PART1の基本の花（p16）との違いは、花の輪郭を
棒状の生地でくぼませること。

◎材料［赤または水色1本分］

強力粉 ∞ 160g
きび砂糖 ∞ 15g
無塩バター ∞ 10g
塩 ∞ 2g
ドライイースト ∞ 2g
水 ∞ 90㎖

◎着色パウダーと生地の分量

〖 赤い花 〗

赤／ビーツ ∞ 1g〈40g〉
黄／かぼちゃ ∞ 0.5g〈5g〉
緑／ほうれん草 ∞ 0.2g〈10g〉
着色しない白生地〈残り〉

〖 水色の花 〗

水色／スピルリナ青 ∞ 0.1g〈40g〉
黄／かぼちゃ ∞ 0.5g〈5g〉
緑／ほうれん草 ∞ 0.2g〈10g〉
着色しない白生地〈残り〉

◎作り方

1. 赤い花を作る。基本の作り方（p14〜15）で4色の生地を作り、一次発酵後、手で軽く押してガスを抜いてから、白生地は写真内の分量に分割し、丸めておく ⓐ。
2. 黄生地を長さ約4㎝の棒状にする。赤生地は棒を包める大きさの長方形にのばし、中央に棒をのせ ⓑ、包む。つなぎ目は指でつまみ、軽く転がしてなじませる。
3. 白生地6gを目分量で3等分し、長さ約4㎝の棒状にのばす ⓒ。
4. 2を立てて置き、3の白生地の棒を等間隔の位置に立てて添え、スケッパーで軽く押しつける ⓓ。
5. 葉にする緑生地は長さ約4㎝の棒状にし、花の片側に添える ⓔ。
6. ここまで組み立てたパーツは、2段階で包む。まず、白生地50gを長方形にのばして、葉を除き、ぐるりと包む ⓕ。
7. つづけて、残りの白生地を全体を囲めるサイズの長方形にのばし、葉も含めて全体を包む。端はつまんでしっかりとじる ⓖ。
8. 型に入れ、二次発酵後、蓋をして、180℃に予熱したオーブンで、30分焼く。

※水色の花は、赤生地を水色生地に変えて、あとは同様に作る。

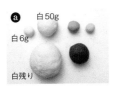
ⓐ 白50g 白6g 白残り

ⓑ

ⓒ

ⓓ ⓔ ⓕ

WRAPPING IDEA

用意するものは、スライスしたパンが1枚入るくらいの
透明袋と英字プリントのワックスペーパー、麻ひも。
ペーパーを前でV字に開いて包めば、
イラストが見えて花束風になります。
パンを入れる袋の口はしっかり留めておくこと。

ドーナッツ

まん中に大きな穴をあけると、
ドーナッツそっくりで、
歓声が上がること請け合い！
よりおいしく食べられるように、
具材入りのパンも提案します。

イチゴの粒ジャム入り

number
24

スプレーチョコがけ風

number **22**

number **25**

抹茶と甘納豆入り

number **23**

ココナッツフレーク風

スプレーチョコがけ風

難易度 ▲▲▲
2段重ねの丸い型

黄色と赤の生地でスプレーチョコ風に。
野菜の抜き型で穴をあけます。

◎材料

強力粉 ∞ 160g
きび砂糖 ∞ 15g
無塩バター ∞ 10g
塩 ∞ 2g
ドライイースト ∞ 2g
水 ∞ 90㎖

◎着色パウダーと生地の分量

茶／ココア 3g〈110g〉
黄／かぼちゃ 0.2g〈5g〉
赤／ビーツ 0.2g〈5g〉
薄茶／ココア 0.5g〈残り〉

◎作り方

1. 基本の作り方(p14〜15)で4色の生地を作り、一次発酵後、手で軽く押してガスを抜いてから、丸めておく 。
2. 茶生地を約20×8㎝の長方形にのばす。赤と黄の生地は目分量で8等分。長さ約8㎝の棒状にしてから、茶生地に交互に並べる。間隔は不ぞろいでOK。
3. 並べ終えたら、スケッパーで幅を半分にカット。棒の面を上にして重ね、手前から生地を巻き、筒形に。巻き終わりはつまんでとじ、軽く転がしてなじませる。
4. 薄茶生地は両側がすぼまるクロワッサン形にし、3のパーツの下側に密着させる。
5. 型に入れ、二次発酵後、蓋をして、180℃に予熱したオーブンで、30分焼く。
6. 焼きあがったら、1枚ずつに切り、中央を直径約3.5㎝の丸い抜き形で抜く。

ココナッツフレーク風

難易度 ▲▲▲
2段重ねの丸い型

白い生地をココナッツフレークに
見立てて。3重に巻いて仕上げます。

◎材料

強力粉 ∞ 160g
きび砂糖 ∞ 15g
無塩バター ∞ 10g
塩 ∞ 2g
ドライイースト ∞ 2g
水 ∞ 90㎖

◎着色パウダーと生地の分量

着色しない白生地〈20g〉
茶／ココア 5g〈残り〉

◎作り方

1. 基本の作り方(p14〜15)で2色の生地を作り、一次発酵後、手で軽く押してガスを抜いてから、丸めておく ⓐ。
2. 茶生地を約25×12㎝の長方形にのばしたら、白生地は目分量で10等分。長さ約12㎝の棒状にしてから、茶生地の上に並べる。間隔はきちんとそろっていなくてもOK ⓑ。
3. 2の生地を、スケッパーで幅を3等分にカット ⓒ。
4. ひとつずつ手前から巻き、巻き終えたものを隣の生地にのせて、また巻く ⓓ。こうすることで、ココナッツフレークに見立てる白の部分が増える ⓔ。
5. 型に入れ、二次発酵後、蓋をして、180℃に予熱したオーブンで30分焼く。
6. 焼きあがったら、1枚ずつに切り、中央を直径約3.5㎝の丸い抜き形で抜く。

number 24 イチゴの粒ジャム入り

number 25 抹茶と甘納豆入り

イチゴの粒ジャムと甘納豆。
おいしさアップの具材を混ぜ込んで。

◎材料 [イチゴの粒ジャム入り または抹茶と甘納豆入り1本分]

強力粉 ∞ 160g
きび砂糖 ∞ 15g
無塩バター ∞ 10g
塩 ∞ 2g
ドライイースト ∞ 2g
水 ∞ 90㎖

◎着色パウダーと生地の分量と具材

〘 イチゴの粒ジャム入り 〙
ピンク／紫いも ∞ 5g〈120g〉
茶／ココア ∞ 3g〈残り〉
イチゴの粒ジャム ∞ 10g

〘 抹茶と甘納豆入り 〙
緑／抹茶 ∞ 3g〈120g〉
茶／ココア ∞ 3g〈残り〉
甘納豆（大納言）∞ 30g

◎作り方

1. イチゴの粒ジャム入りを作る。基本の作り方(p14〜15)で、2色の生地を作る。イチゴの粒ジャムは一次発酵の前に、ピンク生地に手のひらで押して混ぜ込む。一次発酵後、手で軽く押してガスを抜いてから、丸めておく 。

2. 粒ジャム入りのピンク生地は約15×4cmの長方形にのばし **b**、手前から巻き、筒形に **c**。巻き終わりは、つまんでとじ、軽く転がして生地をならす。

3. 茶生地は、両側がすぼまるクロワッサン形にしてから **d**、2のパーツの下側に密着させる **e**。

4. 型に入れ、二次発酵後、蓋をして、180℃に予熱したオーブンで30分焼く。

5. 焼きあがったら、1枚ずつに切り、中央を直径約3.5cmの丸い抜き形で抜く。

※抹茶と甘納豆入りは、ピンク生地を緑生地に、イチゴの粒ジャムを甘納豆に変えて、あとは同様に作る。
　ただし、甘納豆は作り方2で長方形にのばした生地に散らして巻き込む。

WRAPPING IDEA

ドーナッツ用の箱に詰め合わせてみましょう。
本物のドーナッツをまねて、薄いワックスペーパーを
中敷きにしました。おまけは、小さな瓶のジャム。
かわいい木製スプーンも紙箱も100均で探してみて。

コーヒー豆

コーヒーブレイクにも打ってつけ！
インスタントコーヒーで風味をプラス。

◎材料
強力粉 ∞ 160g
きび砂糖 ∞ 15g
無塩バター ∞ 10g
塩 ∞ 2g
ドライイースト ∞ 2g
水 ∞ 90mℓ

◎着色パウダーと生地の分量
茶／ココア ∞ 0.2g＋インスタントコーヒー ∞ 1g〈30g〉
着色しない白生地〈残り〉

◎作り方
1. 基本の作り方(p14〜15)で2色の生地を作り、一次発酵後、手で軽く押してガスを抜いてから、2色とも写真内の分量に分割し、丸めておく **ⓐ**。
2. 茶生地ふたつを長さ約4cmの俵形にする **ⓑ**。
3. 白生地10gを同じ長さの長方形にのばし、茶色の俵のひとつを中央にのせ **ⓒ**、両側から生地を持ち上げて包む。端をつまんで、しっかりとじたら、転がしてなじませる。
4. 3のパーツを立てて、もうひとつの茶色の俵と密着させる。薄くのばした白生地20gで包んでとじる **ⓓ**。
5. 残りの白生地は全体を囲める長さにのばし、4を包んだら、端をつまんでとじる **ⓔ**。
6. 型に入れて、二次発酵後、蓋をして、180℃に予熱したオーブンで30分焼く。

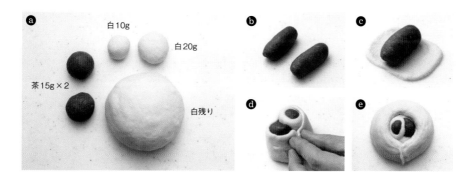

ⓐ 白10g 白20g 茶15g×2 白残り
ⓑ ⓒ ⓓ ⓔ

WRAPPING IDEA

コーヒー好きの人へ贈りたいパン。
一緒にどうぞと、コーヒー豆を添えてみては？
おしゃれな瓶に移し替え、箱にパンと詰め合わせます。
瓶や箱も100均で見つけて。

number
27

レコード

わずか3ステップで絵ができる
意外性抜群の昭和レトロパン。

難易度 ▲
2段重ねの丸い型

◎**材料**[黒またはグレー1本分]

強力粉 ∞ 160g
きび砂糖 ∞ 15g
無塩バター ∞ 10g
塩 ∞ 2g
ドライイースト ∞ 2g
水 ∞ 90㎖

◎**着色パウダーと生地の分量**

〘 黒いレコード 〙
赤／ビーツ ∞ 1g〈20g〉
黒／ブラックココア ∞ 5g〈残り〉

〘 グレーのレコード 〙
黄／かぼちゃ ∞ 1g〈20g〉
グレー／ブラックココア ∞ 0.5g〈残り〉

◎**作り方**

1. 黒いレコードを作る。基本の作り方(p14〜15)で2色の生地を作り、一次発酵後、手で軽く押してガスを抜いてから、黒生地は写真内の分量に分割し、丸めておく❶。

2. 黒生地3gは長さ約4㎝の棒状に、赤生地は黒い棒を包める長さの長方形にのばしたら、中央に黒い棒を置き、包む❷。つなぎ合わせたら指でつまみ❸、軽く転がしてなじませる。

3. 残りの黒生地は2のパーツを囲める長さの長方形にのばす。立てて置いた2のパーツを包み、手前でつまんでとじる❹。

4. 型に入れ、二次発酵後、蓋をして、180℃に予熱したオーブンで30分焼く。

※グレーのレコードは、黒生地をグレー生地に、赤生地を黄生地に変えて、あとは同様に作る。

❶ 黒3g / 黒残り ❷ ❸ ❹

WRAPPING IDEA

大きめにカットしたオーブンシートで包んだら、
両端をキュッとひねって、キャンディ包みに。
どんなパンか楽譜で伝えてみませんか?
楽譜はコピーしたものを切って、両面テープなどで貼ります。

スイカ

メロン

スイカ

皮のしましまも種もリアルな
びっくりイラストパン！

◎**材料**

強力粉 ∞ 160g
きび砂糖 ∞ 15g
無塩バター ∞ 10g
塩 ∞ 2g
ドライイースト ∞ 2g
水 ∞ 90㎖

◎**着色パウダーと生地の分量**

着色しない白生地〈40g〉
緑／ほうれん草 ∞ 2g〈100g〉
黒／ブラックココア ∞ 0.5g〈20g〉
赤／ビーツ ∞ 3g〈残り〉

◎**作り方**

1. 基本の作り方（p14〜15）で4色の生地を作り、一次発酵後、手で軽く押してガスを抜いてから、緑と黒の生地は写真内の分量に分割し、丸めておく❶。

2. スイカは果肉から作る。赤生地を約25×4㎝の長方形にのばし、種にする黒生地8gは目分量で6等分し、長さ約4㎝の棒状に。赤生地の上に手前から奥へと、少しずつ間隔が広がるようにしてのせ❷、手前から巻いてとじる。種はチョコチップにしてもよい。その場合も同様に6か所にまとめて置く。

3. 白生地を2のパーツを包める長さの長方形にのばし、巻いてとじる❸。

4. 残りの緑生地は3のパーツを囲める大きさの長方形にして❹、3に巻く。端はしっかりとつまんでとじる。

5. 緑生地15gふたつを丸くのばして❺4の上下に蓋をし、周囲をつまんでとじる。

6. 皮の縞模様は残りの黒生地を薄くのばしてから、スケッパーで適当に切り、放射状に接着させる❻。

7. 型に入れ、二次発酵後、蓋をして、180℃に予熱したオーブンで、30分焼く。

❶ 緑15g×2　黒8g　緑残り　黒残り

❷

❸

❹

❺

❻

メロンの作り方はつぎのページ→

number
29

メロン

アーモンドダイスを混ぜて、
食感も面白い種にします。

難易度 ▲▲
2段重ねの丸い型

◎**材料**

強力粉 ∞ 160g
きび砂糖 ∞ 15g
無塩バター ∞ 10g
塩 ∞ 2g
ドライイースト ∞ 2g
水 ∞ 90㎖

◎**着色パウダーと生地の分量と具材**

着色しない白生地〈30g〉
緑／ほうれん草 ∞ 1g〈85g〉
濃い黄／かぼちゃ ∞ 2.5g〈30g〉
薄い黄／かぼちゃ ∞ 3g〈残り〉
アーモンドダイス ∞ 15g

◎**作り方**

1. 基本の作り方(p14〜15)で4色の生地を作り、濃い黄生地にはアーモンドダイスを混ぜる。一次発酵後、手で軽く押してガスを抜いてから、緑生地は写真内の分量に分割し、丸めておく **ⓐ**。

2. メロンは種の部分から作る。濃い黄生地を約10×4㎝の長方形にのばしたら、手前から巻いて、筒形に。端をつまんでとじる。

3. 果肉にする薄い黄生地は2のパーツを囲める長さの長方形にして **ⓑ**、2に巻いてとじる。

4. 皮にする残りの緑生地は、3のパーツを囲める長さの長方形にのばして、巻く。つなぎ目をつまんでとじる **ⓒ**。

5. 緑生地15gふたつを丸くのばして上下にかぶせて蓋をし、周囲をつまんでとじる。薄くのばした白生地をスケッパーで細長くカットし、網目模様をつける。線をつなぎながら、円を描くように、下から上へランダムに巻いていく **ⓓ**。

6. さらに、中心から放射状に縦に模様をつける。不規則な網目模様で、よりメロンらしく **ⓔ**。

7. 型に入れ、二次発酵後、蓋をして、180℃に予熱したオーブンで、30分焼く。

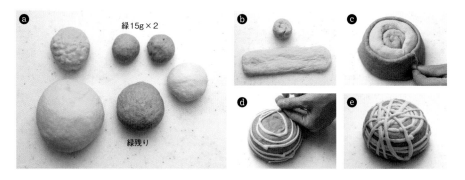

緑15g×2

緑残り

WRAPPING IDEA

アイデアのヒントは、ネットに入れて売られているスイカ。
ぶら下げて持っていく楽しさを味わってほしくて、
ボールにひも掛けするときのやり方で、リボンを掛けました。
タグにつけたスイカとメロンのシールも含め、
ラッピング材料はすべて100均で発見！

COLUMN
イラストパンをもっと楽しく！❸

小さなかけらでも
使い道はたくさん！

余ったパンが、
おいしい一品に変身！

Ranさんが、今回の本で新たに取り組んだのが、パンをカットしたり、くりぬいたりする方法。p46の富士山、プリンやp50のボタン、p56のドーナッツなどがそう。切ったり、抜いたりして、残った小さなかけらはどうしましょう？　すぐに食べてしまう？　料理やおやつに活用してみませんか？　保存が利くのはクルトン。パンのかけらをアルミホイルにのせ、1000Wのトースターで2分ほど加熱して。サラダに加える場合は、オリーブオイルをひいたフライパンで軽く炒めるとサラダがさらにおいしくなります。

RECIPE 1

アイスとフルーツで
ひんやりおやつ

アイスクリームとフルーツ、小さなパンのかけらを層にして盛れば完成。クリームチーズやマスカルポーネチーズで作るなら、メイプルシロップをかけて召し上がれ♫

RECIPE 2

クルトンにして
おなかも満足スープ

インスタントスープでも、イラストパンのクルトンを浮かべるだけで、朝から気分が上がります！カリッと焼いて食感をプラスしてみて。スープがいっそうおいしく。

COLUMN
まだある〝かわいいパン〟

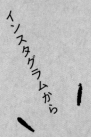

インスタグラムから

お気に入り
BEST 5

大好きなくまモチーフのパンと、思い入れのあるパン。Ranさんが大切にする「かわいい」世界が凝縮しています！

コロコロ出てくるイラストパン

クリスマスのプレゼントボックスから、かわいいものがたくさん溢れ出てくるイメージで作ったそう。

筋肉ムキムキくま

インスタグラムで、国内外の多くの人から「いいね！」が。筋肉をひとつずつちぎって食べるのが楽しいパン。

くまちゃんイラストパン

はじめて行ったイラストパン販売イベントで、焼き型からデザインして製作。思い入れのあるパンのひとつ。

花のフルーツサンド

いままでにない、かわいいフルーツサンドを作りたくなって。多くの人に作ってもらって嬉しかったアイデア。

絵本のイラストパン

切って開くと蝶が！夢中になって虫捕りをしている子どもたちを見て、昆虫図鑑を作りたくなったそうです。

PART 5

春夏秋冬、
楽しい日には
パンを作りましょう

ここでは、季節ごとの「楽しい日」と
365日、誰にでもある「誕生日」のためのパンを。
朝食やパーティのときに、いちだんと盛り上がる
プチアイデアつきで提案します。
その日がくるのが待ち遠しくなるイラストパン。
テーブルに笑顔が広がります。

number
30

バスケット

春・ピクニック

ぽかぽかと暖かな春がやってきたら、
パンのお弁当を持って野原へ。
バスケットのパンには、
摘んだ花のつもりで
花の形にくりぬいたバナナをサンド！

number
32

花

number
31

おにぎり

number 30 バスケット

茶系の2色の生地で編み目を。
ほんのりココア風味のイラストパン。

◎材料
強力粉 ∞ 160g
きび砂糖 ∞ 15g
無塩バター ∞ 10g
塩 ∞ 2g
ドライイースト ∞ 2g
水 ∞ 90㎖
◎着色パウダーと生地の分量
茶／ココア ∞ 3g〈半量〉
薄茶／ココア ∞ 0.5g〈半量〉

◎作り方
1. 基本の作り方(p14〜15)で2色の生地を作り、一次発酵後、手で軽く押してガスを抜いてから、生地を目分量で2等分し、丸めておくⓐ。
2. 生地を直径約10㎝の円形にのばし、同じ幅で縦6つにスケッパーでカット。交互に入れ替え縞模様にする⓫。
3. 麺棒を軽く当て、生地同士を密着させてから、今度は横に6つにカット⓬。
4. 2種の縞模様の生地を並べ横の列を1列おきに入れ替え、チェック模様にする⓭。1列ずつスケッパーですくい移動させると、生地がバラバラにならない。
5. 麺棒を転がして、生地を密着させたら、模様がなるべく合うように重ねる。型に入れて、二次発酵後、蓋をして、180℃に予熱したオーブンで30分焼く。
6. 焼きあがり後、冷めてからカット。パン切り包丁で半円形にバスケットの持ち手部分をくりぬく⓮。

ⓐ  ⓫  ⓬  ⓭  ⓮

number 31 花

花の型は、基本の型の作り方(p19)と同様にして、
2セット用意。ピンクと青い花のパンを同時に焼きます。

◎材料
強力粉 ∞ 220g
きび砂糖 ∞ 20g
無塩バター ∞ 15g
塩 ∞ 3g
ドライイースト ∞ 3g
水 ∞ 120㎖
◎着色パウダーと生地の分量
〚 ピンクの花 〛
黄／かぼちゃ ∞ 0.5g〈10g〉
ピンク／紫いも ∞ 4g〈残り〉
〚 青い花 〛
黄／かぼちゃ ∞ 0.5g〈10g〉
青／バタフライピー ∞ 0.5g〈残り〉

◎作り方
1. 花の型4つを用意し、焼き型をふたつ作る(p19)。基本の作り方(p14〜15)で作った生地を半分に分ける。ひとつはピンクの花、もうひとつは青い花用に着色し、それぞれ2色の生地を作る。一次発酵後、手で軽く押してガスを抜いてから、ピンクと青の生地は写真内の分量に分割し、丸めておくⓐ。
2. 花の中心部分から作る。黄生地は長さ4㎝の棒状に⓫。棒と長さをそろえて長方形にのばしたピンク生地(または青)15gで包んでとじる。
3. 残りのピンク生地(または青)を、2のパーツを囲める長さの長方形にのばして包んでとじる⓬。
4. オーブンシートを敷いた天板に、オーブンシートを巻き入れた型ふたつを置き、成型した生地をそれぞれ入れる。内側のオーブンシートは花型の縁に沿って広げておく⓭。
5. 二次発酵後、蓋をして、180℃に予熱したオーブンでピンクと青い花をふたつ同時に30分焼く。

ⓐ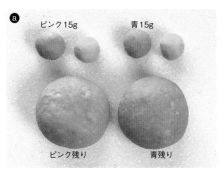
ピンク15g　青15g
ピンク残り　青残り

⓫  ⓬
⓭

number
32

おにぎり

パンなのに、おにぎり！
和風のスプレッドを挟んでもおいしそう。

◎材料

強力粉 ∞ 130g
きび砂糖 ∞ 10g
無塩バター ∞ 5g
塩 ∞ 2g
ドライイースト ∞ 2g
水 ∞ 75㎖

◎着色パウダーと生地の分量

黒／ブラックココア ∞ 1g〈40g〉
着色しない白生地〈残り〉

◎作り方

1. 基本の作り方（p14〜15）で2色の生地を作り、一次発酵後、手で軽く押してガスを抜いてから、白生地は写真内の分量に分割し、丸めておく**ⓐ**。
2. 黒生地でのりを作る。長さ約16㎝の棒状にのばしてから、麺棒で少しならす**ⓑ**。
3. 白生地40gふたつも同様にのばしてから、黒生地の両側に添え、麺棒でならして約16×7㎝の長方形にする**ⓒ**。オーブンシートを敷き込んだパウンドケーキ型に入れる。
4. 残りの白生地を約16×7㎝の長方形にのばし、3の上に重ねる**ⓓ**。
5. 二次発酵させ、型の縁から1㎝ほど下まで膨らんだら、180℃に予熱したオーブンで25分焼く。
6. 焼きあがり後、冷めてからカット。p46の富士山、プリンと同様に、両側を斜めに切り落とす。

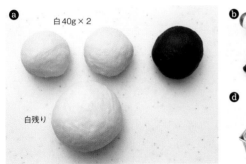

ⓐ
白40g×2
白残り

ⓑ

ⓒ

ⓓ

PETIT IDEA

バスケットのパンにはバナナの花をサンド♪

p70では、野菜の抜き型で花にしたバナナを挟んで
フルーツサンドにしています。
生クリームとチョコレートソースも
一緒にサンドすれば、皆が大好きなチョコバナナ味。

浮き輪

ひまわり

夏・海の日

夏の休日に作ってみましょう。
子どもの頃の夏休みを思い出して
楽しい気分になるモチーフが大集合。
浮き輪パンをくりぬいた余りには
旗を立て、海にぷかぷか浮かぶブイ風に。

アイスキャンディ

number
35

浮き輪

難易度 ⛰

2段重ねの丸い型

切って、並べ替えて、重ねて。
穴をあけると、浮き輪になります。

◎材料
強力粉 ∞ 160g
きび砂糖 ∞ 15g
無塩バター ∞ 10g
塩 ∞ 2g
ドライイースト ∞ 2g
水 ∞ 90㎖

◎着色パウダーと生地の分量
青／バタフライピー ∞ 2g〈半量〉
着色しない白生地〈半量〉

◎作り方
1. 基本の作り方（p14～15）で2色の生地を作り、一次発酵後、手で軽く押してガスを抜いてから、生地を目分量でそれぞれ2等分し、丸めておく 。
2. 生地は直径約10㎝の円形にのばし、スケッパーで放射状に8等分にカット 。
3. 2色の生地を交互に入れ替えたら、麺棒を軽く当てて、生地を密着させる 。
4. 模様を合わせて重ね 、型に入れて二次発酵。蓋をして、180℃に予熱したオーブンで30分焼く。
5. 焼きあがったら、冷ましてカット。直径約3.5㎝の丸い抜き型で中心をくりぬく。

ひまわり

難易度 ⛰⛰

2段重ねの丸い型

まん中の茶色いココア生地に
レーズンを混ぜて作りましょう。

◎材料
強力粉 ∞ 160g
きび砂糖 ∞ 15g
無塩バター ∞ 10g
塩 ∞ 2g
ドライイースト ∞ 2g
水 ∞ 90㎖

◎着色パウダーと生地の分量と具材
黄／かぼちゃ ∞ 5g〈70g〉
茶／ココア ∞ 0.5g〈35g〉
着色しない白生地〈残り〉
レーズン ∞ 20g

◎作り方
1. 基本の作り方（p14～15）で3色の生地を作り、一次発酵前に、茶生地にはレーズンを混ぜ込む。一次発酵後、手で軽く押してガスを抜いてから、白生地は写真内の分量に分割し、丸めておく 。
2. 茶生地は長さ約4㎝の俵形に、黄生地は目分量で12等分し、それぞれ長さ約4㎝の棒にする 。
3. 2の茶生地のまわりを黄色の棒12本で囲んでいく 。
4. 白生地20gも目分量で12等分し、長さ約4㎝の棒状に。黄色の棒の間に入れ、スケッパーで軽く押し込む 。
5. 残りの白生地は全体を囲めるサイズの長方形にのばし、4のパーツを包む。端はつまんで、しっかりとじる 。
6. 型に入れ、二次発酵後、蓋をして、180℃に予熱したオーブンで30分焼く。

白20g

白残り

アイスキャンディ

100均でも買えるアイスキャンディ用の
棒を挟んで、クスッと笑える仕掛けを。

◎材料 [茶とピンクまたは
白と水色1本分]

強力粉 ∞ 160g
きび砂糖 ∞ 15g
無塩バター ∞ 10g
塩 ∞ 2g
ドライイースト ∞ 2g
水 ∞ 90㎖

◎着色パウダーと生地の分量

〖 茶とピンクのアイスキャンディ 〗
茶／ココア ∞ 2.5g〈130g〉
ピンク／紫いも ∞ 4g〈残り〉

〖 白と水色のアイスキャンディ 〗
着色しない白生地〈130g〉
水色／スピルリナ青 ∞ 0.3g〈残り〉

◎作り方

1. 茶とピンクのアイスキャンディを作る。基本の作り方（p14～15）で2色の生地を作り、一次発酵後、手で軽く押してガスを抜いてから、2色とも写真内の分量に分割し、丸めておく **ⓐ**。
2. 茶生地15g 3つを長さ約16㎝の棒状にして、並べる。
3. ピンク生地10gは目分量で2等分し、長さ約16㎝の棒を2本作る。これを2の棒の間にのせ、スケッパーで間に押し込む **ⓑ**。
4. ピンク生地20gを3のパーツと同じ大きさの長方形にのばし、3の生地に重ねる **ⓒ**。
5. 残りのピンク生地も4のパーツと同じサイズの長方形にのばし、4の生地をひっくり返してのせる **ⓓ**。
6. 残りの茶生地も同じサイズの長方形にして、5の上に重ねる。
7. 茶生地50gは、6の上の茶色い部分に覆いかぶせられる大きさにのばしてから、6にのせる。生地の端を引っ張り、一番下のピンク生地の上までかぶせ、密着させる。茶生地を上にしてオーブンシートを敷き込んだ型に入れる **ⓔⓕ**。
8. 二次発酵させ、縁から2㎝ほど盛り上がったら、蓋をしないで、180℃に予熱したオーブンで30分焼く。焼きあがり後、スライスした2枚を重ねて、間にアイスキャンディの棒を挟む。

※白と水色のアイスキャンディは、茶生地を白生地、ピンク生地を水色生地に変えて、あとは同様に作る。

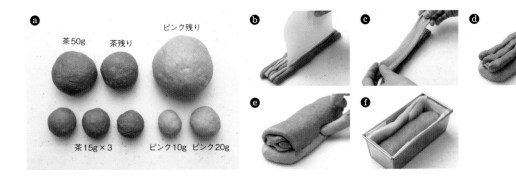

ⓐ
茶50g　茶残り　ピンク残り
茶15g×3　ピンク10g　ピンク20g
ⓑ ⓒ ⓓ ⓔ ⓕ

PETIT IDEA

. . . .

浮き輪パンにはクリームチーズ

食べるときは、パンのイラストに合ったスプレッドを。
p74の浮き輪パンの場合は、クリームチーズ。
マリンカラーの爽やかな色にぴったりで、
味ももちろんおいしい。お好みでブルーベリーなどフルーツも挟んでも。
アイスキャンディのパンもそんなふうにして楽しんでみて。

秋・ハロウィン

大人も子どもも楽しいハロウィン。
テーブルには、こんなパンを並べてみて。
ドクロやかぼちゃのオバケ。
お菓子をもらいに来る子どもへも
手渡してみたいパンです。

number
36

ポップコーン

ジャックオーランタン

ドクロ

number 36 ポップコーン

難易度 ▲
パウンドケーキ型

棒にのばした生地をこんもりと積み重ね
弾け飛ぶようなポップコーンにします。

◎材料
強力粉 ∞ 250g
きび砂糖 ∞ 25g
無塩バター ∞ 15g
塩 ∞ 3g
ドライイースト ∞ 3g
水 ∞ 140㎖

◎着色パウダーと生地の分量
赤／ビーツ ∞ 3g〈100g〉
青／バタフライピー ∞ 1.5g〈100g〉
着色しない白生地〈残り〉

◎作り方
1. 基本の作り方(p14〜15)で3色の生地を作り、一次発酵後、手のひらで軽く押してガスを抜き、白生地は写真内の分量に分割し、丸めておく 。
2. 青と赤の生地は、約16×7㎝の長方形にのばし、スケッパーで3等分。生地の断面を上にして、交互に色を並べ、縞模様にする 。麺棒をあてて形を整え、密着させる。型にはオーブンシートを敷いておく。
3. 白生地100gは約16×7㎝の長方形にのばし 、2の生地に重ね、型に入れる。
4. 残りの白生地は目分量で9等分し、長さ約16㎝の棒状にする 。
5. 3の型に棒状にのばした白生地を入れる。まず4本並べて入れてから、3本、2本の順に隙間に並べ、こんもりとした山形にする 。
6. 二次発酵をさせ、生地が型の縁から3㎝ほど高く膨らんだら、蓋はせずに、180℃に予熱したオーブンで25分焼く。

白100g　白残り

number 37 ジャックオーランタン

難易度 ▲▲
2段重ねの丸い型

かぼちゃとビーツの着色パウダーを
ミックスして、オレンジ色に。

◎材料
強力粉 ∞ 160g
きび砂糖 ∞ 15g
無塩バター ∞ 10g
塩 ∞ 2g
ドライイースト ∞ 2g
水 ∞ 90㎖

◎着色パウダーと生地の分量
黒／ブラックココア ∞ 1g〈45g〉
オレンジ／かぼちゃ ∞ 8g
　＋ビーツ ∞ 1.5g〈残り〉

◎作り方
1. 基本の作り方(p14〜15)で2色の生地を作り、一次発酵後、手のひらで軽く押してガスを抜き、2色とも写真内の分量に分割し、丸めておく 。
2. 口から作る。残りの黒生地を目分量で3等分し、長さ約4㎝の棒を作り、ぴったりと並べておく。
3. オレンジ生地10gひとつは目分量で4等分してから、長さ約4㎝の棒状にして、2の黒棒の間に1本ずつのせる。裏返して、同様に2本のせる 。
4. つぎは目を作る。黒生地8gも長さ約4㎝の棒状にのばしてから、上をつまんで、三角形の棒にする 。これをふたつ作る。オレンジ生地10gひとつも同様に三角に。
5. 3の上にオレンジ生地10gひとつを長方形にしてのせ、目の黒生地をふたつ並べる。オレンジ生地の三角は逆さにして、目の間にはめ込んで、顔を組み立てる 。
6. 残りのオレンジ生地は顔全体を囲める大きさの長方形にのばす。立てておいた5のパーツの顔の下から包み、頭の上でとじる 。
7. 型に入れ、二次発酵後、蓋をして、180℃に予熱したオーブンで30分焼く。

黒8g×2　オレンジ10g×3
黒残り　オレンジ残り

number
38

ドクロ

目、口の順に作り、組み立てたら、
全体を包み込めばできあがり！

◎材料

強力粉 ∞ 160g
きび砂糖 ∞ 15g
無塩バター ∞ 10g
塩 ∞ 2g
ドライイースト ∞ 2g
水 ∞ 90mℓ

◎着色パウダーと生地の分量

黒／ブラックココア 1g〈45g〉
着色しない白生地〈残り〉

◎作り方

1. 基本の作り方（p14〜15）で2色の生地を作り、一次発酵後、手のひらで軽く押してガスを抜き、2色とも写真内の分量に分割し、丸めておく**ⓐ**。
2. 目から作る。黒生地15gふたつは長さ約4cmの俵形にし、長方形にのばした白生地10gでそれぞれ包んでとじる**ⓑ**。
3. 口を作る。残りの黒生地は約12×4cm、白生地20gは約8×4cmの長方形に。白生地を上にして、片側をそろえてのせる。
4. スケッパーで写真のようにカットしてから**ⓒ**、重ねる**ⓓ**。
5. 白生地10gひとつは長さ約4cmの棒状にしてから、上をつまんで三角形の棒に**ⓔ**。
6. 4のパーツを立てて、上側に5の三角の棒を立ててまん中に添える**ⓕ**。5の生地の両側に目を置くと、ドクロの顔になる**ⓖ**。
7. 残りの白生地は長さ約20cmほどの長方形にのばし、頭のほうから巻いて、口の端とつまんでとじる**ⓗ**。
8. 型に入れ、二次発酵後、蓋をして、180℃に予熱したオーブンで30分焼く。

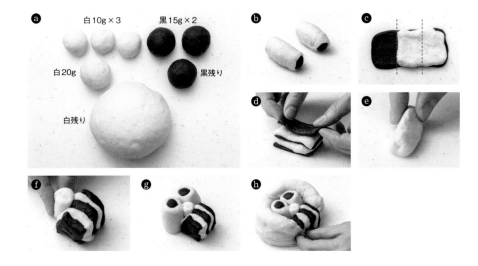

ⓐ 白10g×3　黒15g×2　白20g　白残り　黒残り
ⓑ
ⓒ
ⓓ
ⓔ
ⓕ
ⓖ
ⓗ

PETIT IDEA

演出に凝ってハロウィンミニパーティを

かぼちゃのスープと一緒に食べるp78のテーブルでは、
ハロウィンらしい演出をしています。
かぼちゃの飾りをパンと合わせて盛ったり、
ジャックオーランタンのパンは長い棒に刺して
瓶に飾ったり。楽しい日になります。

number
39

リース

冬・クリスマス

まわりの人へもプレゼントしてみて。
今年も、ありがとうと、手渡ししたい
クリスマスのパン。
サンタにリース、夢がたっぷり
詰まった靴下。かわいく作れます。

number
40

靴下

number
41

サンタクロース

リース

ドライフルーツを混ぜ込むと
オーナメントつきのリースになります。

◎**材料**
強力粉 ∞ 160g
きび砂糖 ∞ 15g
無塩バター ∞ 10g
塩 ∞ 2g
ドライイースト ∞ 2g
水 ∞ 90㎖
◎**着色パウダーと生地の分量と具材**
緑／抹茶 ∞ 2g〈半量〉
赤／ビーツ ∞ 3.5g〈半量〉
ドライフルーツ ∞ 50g

◎**作り方**
1. 基本の作り方(p14〜15)で2色の生地を作り、丸めておく。ただし、一次発酵前に、緑生地にはドライフルーツを混ぜておく。
2. 生地を直径約10㎝の円形にのばす**b**。
3. 2は、同じ幅で縦8つにスケッパーでカット。2色の生地を交互に入れ替え、縞模様にする**c**。
4. 麺棒を軽く転がし、生地のつなぎ目を密着させてから、柄を合わせて重ねる**d**。
5. 型に入れ、二次発酵後、蓋をして、180℃に予熱したオーブンで30分焼く。
6. 焼きあがったら、冷ましてカット。直径約3.5㎝の丸い抜き型で中心をくりぬく。

靴下

焼き型に入れるとき、片側に生地を
寄せることで、つま先がふっくらと！

◎**材料**
強力粉 ∞ 250g
きび砂糖 ∞ 25g
無塩バター ∞ 15g
塩 ∞ 3g
ドライイースト ∞ 3g
水 ∞ 140㎖
◎**着色パウダーと生地の分量**
着色しない白生地〈100g〉
赤／ビーツ ∞ 10g〈残り〉

◎**作り方**
1. 基本の作り方(p14〜15)で2色の生地を作り、一次発酵後、手のひらで軽く押してガスを抜き、赤生地は写真内の分量に分割し、丸めておく**a**。
2. 白生地と赤生地各100gは、約16×7㎝の長方形にのばし**b**、白、赤の順番でオーブンシートを敷き込んだパウンドケーキ型に入れる。
3. 残りの赤生地は約18×16㎝の長方形にのばしてから、手前からロールケーキのように丸める。端はつまんでとじる**c**。
4. 3の生地をとじ目を下にして、型の片側に寄せて入れたら**d**、二次発酵を。生地が型の縁から3㎝ほど高く膨らんだら、蓋をせずに、180℃に予熱したオーブンで25分焼く。
5. 焼きあがり後、冷ましてからカット。片側の出っ張りを包丁で切り落とし、形を整える**e**。

赤残り
赤100g

サンタクロース

目と鼻は、あとから描いて。
お絵描きも楽しめる提案です。

◎材料
強力粉 ∞ 160g
きび砂糖 ∞ 15g
無塩バター ∞ 10g
塩 ∞ 2g
ドライイースト ∞ 2g
水 ∞ 90㎖

◎着色パウダーと生地の分量
着色しない白生地〈120g〉
赤／ビーツ ∞ 2g〈80g〉
薄茶／ココア ∞ 0.2g〈残り〉

◎作り方
1. 基本の作り方（p14～15）で3色の生地を作り、一次発酵後、手のひらで軽く押してガスを抜き、白生地は写真内の分量に分割し、丸めておく❶。
2. 赤生地を直径約10㎝の円形にのばしたら、スケッパーで半分にカットし❷、重ねる❸。これがサンタクロースの帽子になる。
3. 白生地30gを長さ約10㎝の薄い長方形にのばし、帽子の下側に添える❹。
4. 顔は薄茶にした生地で。長さ約10㎝の太い棒状にしたあと、両端を押さえつけ、半円形にし、3のパーツの下に添える。両端をしっかり押さえて、密着させること❺。
5. ひげは白生地80gで、4と同じ要領で作り、両端を引っ張り上げ、4の下につける。
6. 帽子の丸い輪郭の中心にスケッパーで切り込みを入れ、短い俵形にした白生地10gを差し込み、帽子の飾りにする❻。
7. 型に入れ、二次発酵後、蓋をして、180℃に予熱したオーブンで30分焼く。

白10g　白30g
白80g

PETIT IDEA

・・

誰のサンタがいちばんかわいい？

パーティで盛り上がるのは、サンタクロースパン。
テーブルにホイップクリームとジャム、チョコペンを
用意しておき、めいめいに顔を描いて楽しみます。
ルールは一切なし。愛嬌たっぷりに描けたらOK。
リースには蝶結びにしたリボンをのせてみて。

Happy Birthday

誕生日ケーキ

number
42

誕生日

365日、大切な人の誕生日。
おめでとうの言葉に添えてみて。
ケーキを切ると、中にもイチゴの絵！
ろうそくパンにはアボカドディップを
つけると、大満足のおいしさです。

ろうそく

number
44

プレゼント

number
43

誕生日ケーキ

紅白のうず巻きがポイント。切ると、
ころんとしたイチゴの絵でサプライズ！

◎材料

強力粉 ∞ 130g
きび砂糖 ∞ 10g
無塩バター ∞ 5g
塩 ∞ 2g
ドライイースト ∞ 2g
水 ∞ 75㎖

◎着色パウダーと生地の分量

赤／ビーツ ∞ 0.5g〈15g〉
着色しない白生地〈40g〉
茶／ココア ∞ 3g〈残り〉

◎作り方

1. 基本の作り方(p14〜15)で3色の生地を作り、一次発酵。手のひらで軽く押してガスを抜き、3色とも写真内の分量に分割し、丸めておく**ⓐ**。
2. ホールケーキ型に合わせて、残りの茶生地を直径約12㎝の円形にのばす**ⓑ**。
3. 2の上に、紅白の生地を交互に巻いて、うずを描く。中心に、丸めた白生地2gをのせたら、赤生地3g、白生地8gの順に、棒状にのばしてから巻いていく**ⓒ**。
4. さらに、赤生地6g、白生地10g、残りの赤生地、白生地20gの順に棒状にのばして巻き、うずを大きくする**ⓓ**。
5. 茶生地100gを直径約12㎝の円形にのばして、うずの上に重ねる**ⓔ**。
6. オーブンシートを敷き込んだ型に入れ、二次発酵。縁から2㎝くらい下まで膨らんだら、蓋をして、180℃に予熱したオーブンで30分焼く。

ⓐ 茶100g 赤3g 赤6g 赤残り 白20g 白10g 茶残り 白8g 白2g

プレゼント

2色の生地を重ねて焼くだけ。
かわいい色の組み合わせで作ってみて。

◎材料

強力粉 ∞ 130g
きび砂糖 ∞ 10g
無塩バター ∞ 5g
塩 ∞ 2g
ドライイースト ∞ 2g
水 ∞ 75㎖

◎着色パウダーと生地の分量

水色／スピルリナ青 ∞ 0.3g〈120g〉
ピンク／紫いも ∞ 3g〈残り〉

◎作り方

1. 基本の作り方(p14〜15)で2色の生地を作り、一次発酵後、手のひらで軽く押してガスを抜き、丸めておく**ⓐ**。
2. 2色の生地は、約16×7㎝の長方形にのばし**ⓑ**、ピンク、水色の生地の順にオーブンシートを敷き込んだパウンドケーキ型に入れる**ⓒ**。
3. 二次発酵させ、型の縁から1㎝ほど下まで膨らんだら、蓋をして、180℃に予熱したオーブンで30分焼く。

number
44

ろうそく

難易度 ▲
焼き型・不使用

ポップなスティックタイプ。
下の材料で8本のろうそくができます。

◎**材料**[8本分]
強力粉 ∞ 130g
きび砂糖 ∞ 10g
無塩バター ∞ 5g
塩 ∞ 2g
ドライイースト ∞ 2g
水 ∞ 75ml

◎**着色パウダーと生地の分量**
赤／ビーツ ∞ 1g〈35g〉
黄／かぼちゃ ∞ 4g〈100g〉
着色しない白生地〈残り〉

◎**作り方**

1. 基本の作り方(p14〜15)で3色の生地を作り、一次発酵後、手のひらで軽く押してガスを抜き、丸めておく**ⓐ**。
2. 白生地は3等分、黄生地は4等分。目分量で、スケッパーで切る。
3. 分割した2色の生地は長さ約23cmの棒状にしてから、交互に並べる**ⓑ**。麺棒を軽く当てて形を整え、生地を密着させる。
4. スケッパーで写真のように8等分する。目分量でOK**ⓒ**。
5. 赤生地は長さ約15cmの長方形にのばし、スケッパーで斜めに切りながら、8等分の三角形にする**ⓓ**。
6. 4の上に赤い三角をのせるとろうそくに。オーブンシートを敷いた天板に間隔を空けて並べ**ⓔ**、二次発酵。約1.5倍に膨らんだら、180℃に予熱したオーブンを140℃に下げて15分焼く。

PETIT IDEA

デコレーションでリアルなケーキ！

誕生日には、ちょっと腕をふるってみて。
ケーキのパンには、ホイップクリームと季節のフルーツをトッピング。
ろうそくパンに添えたアボカドディップには
クリームチーズと粉チーズ、レモンを混ぜるだけで
リッチな味わいが楽しめます。
プレゼントボックスはカットしたパンにリボンを掛けて完成です。

Q & A

教えて。はじめてのイラストパン

材料や作り方のことなど、Ranさんのインスタグラムに寄せられた質問から、ピックアップ。皆が気になる15の質問に答えます！

知りたいことがいっぱい！

Q.1

着色パウダーはほかにも使える？

着色パウダーは、なかなか使い切れないかもしれませんね。おやつ作りに役立ててみませんか？　クッキーや白玉団子がピンク色だったりすると、かわいらしいですよ。上手に使いまわしてみて。着色パウダーの鮮度を保つため、開封後は、かならず、冷蔵庫で保管しましょう。

Q.2

生地はホームベーカリーで作ってもいい？

私も生地の量が多いときは、ホームベーカリーを愛用。時短にもなるし、ぜひ、使って！　生地をこねる作業まで、ホームベーカリーに任せ、一次発酵の前に取り出し、着色します。

Q.3

生地がベタついてうまく成型できません

材料の分量外の強力粉で、生地に打ち粉をしてみましょう。少しふりかけるだけで、生地のベタつきがおさまり、扱いやすくなります。ただし、打ち粉をふりすぎると、生地同士の密着が弱くなってしまうので注意。粉ふりボトル（p13）を使って、少量ずつふりかけるのがおすすめです。

Q.4

分量どおりに計量しているのにパンが膨らみません

さまざまな原因が考えられます。ひとつは、ドライイーストの鮮度が落ちた場合。開封したドライイーストを常温で保存すると、袋の中でイースト菌が活動し、生地を膨らませる働きが弱くなってしまいます。密封し、冷凍室で保管を。

Q.5

型にはスプレーオイルを使ってもいいもの？

オーブンシートの代わりにスプレーオイルを使ってもOKです。まんべんなくオイルを吹きつけられるから、型にくっつかずにパンを取り出せて便利です。製菓材料店やネットショップで探してみましょう。

Q.6

一次発酵のあとでベンチタイムは必要？

一般的なパンには、成型の前にベンチタイムという生地を休ませる時間がありますが、イラストパンでは、特に設けません。というのも、絵のパーツを作って、組み立てていくため、その間の時間が、必然的にベンチタイムになるからです。だから、焼きあがりもふっくらですよ。

Q.7

夜に焼いておいても朝、おいしく食べられる？

私はいつもそうしていますよ。夜、子どもたちを寝かしつけてからがイラストパンタイム♬これを見たら、びっくりするかな？なんて、ワクワクしながら作っています。焼いたあとは、かたまりのまま置いておき、朝食のときにスライスを。水分が保たれ、おいしく食べられます。

Q.9
はじめて作ったときから ちゃんとイラストに なっていましたか?

奇跡的に絵になっていました。というか…私は、プラス思考なので、どんなものができてもかわいく見えちゃう(笑)。自分で作ったイラストパンは、いとおしいものですよ。

Q.8
子どもの描いた絵を イラストパンにする コツはありますか?

自分が作りやすそうだなと思う絵を選んでみて。線が複雑ではないものや色数が少ないものなど。子どもの描く絵は愛嬌があるので、イラストパンととても相性がいいですよ。

Q.11
砂糖は どんなものが おすすめですか?

基本的にどんな砂糖でも作れます。私が使っているのはきび砂糖。ミネラルを豊富に含んでいるため、身体のために選んでいます。上白糖でも三温糖でも、ふだん使っている砂糖で気軽に作ってみて。

Q.10
焼いてみて、 失敗していたら、 やり直す?

仕事の場合は、やり直すことはあります。何度も作って、イメージに近づけていきます。ただし、プライベートでは別。多少、ヘンな絵になっても、面白いねーと言い合いながら、家族皆で楽しく食べて終了です(笑)。

Q.13

子どもと一緒に
作るなら
どのパンがおすすめ？

この本でいったら、富士山やプリンなど。難易度表示で、いちばん簡単なものから挑戦してみてください。小さなお子さんは、粘土遊びのような感覚で、着色作業が面白いと、わいわい言いながら楽しんで作ります。

Q.12

火力の強い
ガスオーブンでも
きれいに焼けますか？

作れます。ガスオーブンは、電気オーブンよりも火力が強いので、焼成温度を10℃くらい下げて焼いてみてください。ご自宅のガスオーブンの特徴に合わせて、加減を。

Q.15

イラストパンを
毎日、作って
いるんですか？

パン派なので、パン自体は毎日作っていますが、イラストパンではない日もあります。コロネだったり、メロンパンだったり。何を作るかは、その日の気分で。子どもたちに食べたいパンを聞くことが多いです。

Q.14

着色パウダーは
どこで買えますか？

製菓材料店のほか、無農薬栽培の農園でもビーツなどの野菜パウダーを製造販売しているところがあります。ネットでも購入可。味と香りがよく、おいしさがいちだんとアップします。

この本を手にとってくださった皆さまへ

イラストパンに興味をもってくださり、
ありがとうございます。

この本を作るにあたって、イラストパンをより簡単に作る方法を
紹介できるようにと、いろいろアイデアを練りました。

簡単にすることで多くの人にイラストパンを
作ってもらえたらいいなと思ったからです。

そして、私がいつもこだわっているのが、

"かわいい世界観"。

簡単に作れることを優先的に考えつつ、
かわいさにも、とことんこだわりました。

"かわいい"は
ちょっとしたアイデアや工夫で無限大に広がります。
この本の中には、そんなアイデアをいっぱい詰め込みました。

イラストパンのある暮らしには、
幸せな笑顔がたくさん生まれます。
「しあわせのイラストパン」を
一緒に楽しんでいただけたら嬉しいです。

Ran

Ran［ラン］

ブレッドアーティスト／パン教室「konel」主宰
静岡県出身　2児の母
2014年、子どもに楽しく食事をしてほしいという思いから、切ると絵が出る「イラストパン」を考案。長男が描いた絵を元にした蜂のイラストパンがSNSを中心に話題となる。コンセプトは、"おいしくてかわいくて、楽しいパン作り"。インスタグラムで公開するユーモラスで驚きに満ちたそのパンは海外でも注目を集め、国内外の多くのファンに支持されている。

インスタグラム　konel_bread
ツイッター　@konel_bread

デザイン　塙 美奈（ME&MIRACO）
撮影　原 務
スタイリング　河野亜紀
調理アシスタント　川口裕美子、夏目美香、三好弥生
校正　新居智子、根津桂子
編集　鈴木清子

100均の焼き型で、かんたん、かわいい
しあわせのイラストパン

2020年10月28日　初版発行

著　者　Ran
発行者　青柳昌行
発　行　株式会社KADOKAWA
　　　　〒102-8177 東京都千代田区富士見2-13-3
　　　　TEL 0570·002·301（ナビダイヤル）
印刷所　凸版印刷株式会社